教科書に
書かれなかった戦争
PART72

村井宇野子の朝鮮・清国紀行

――日露戦争後の東アジアを行く

1906（明治39）年4月14日～6月16日

内海愛子【編／解説】

梨の木舎

宇野子のたどった道

（行程の主な地名は楕円の白抜きとして新たに表示した）

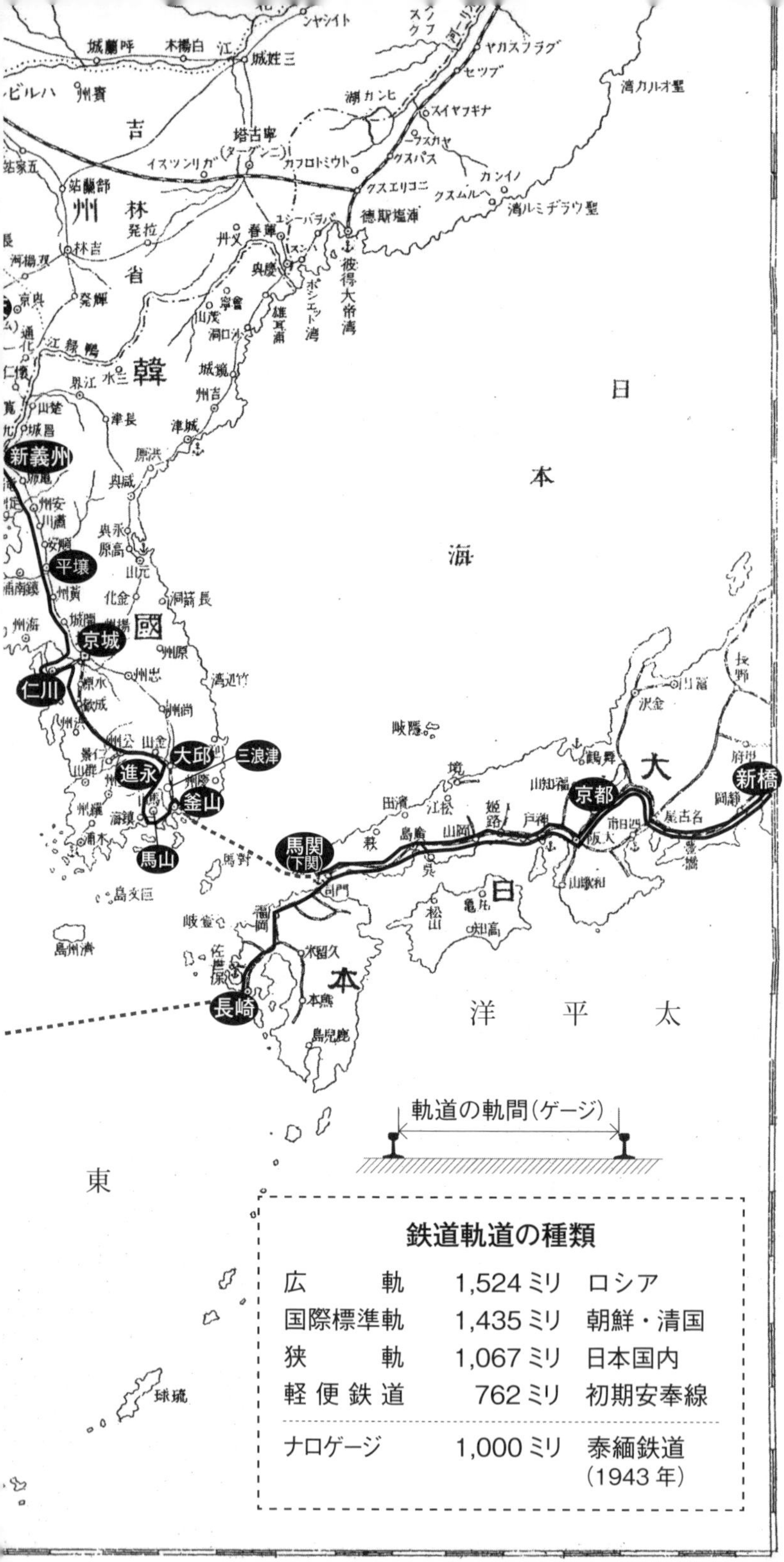

鉄道軌道の種類

広　　軌	1,524ミリ	ロシア
国際標準軌	1,435ミリ	朝鮮・清国
狭　　軌	1,067ミリ	日本国内
軽便鉄道	762ミリ	初期安奉線
ナロゲージ	1,000ミリ	泰緬鉄道（1943年）

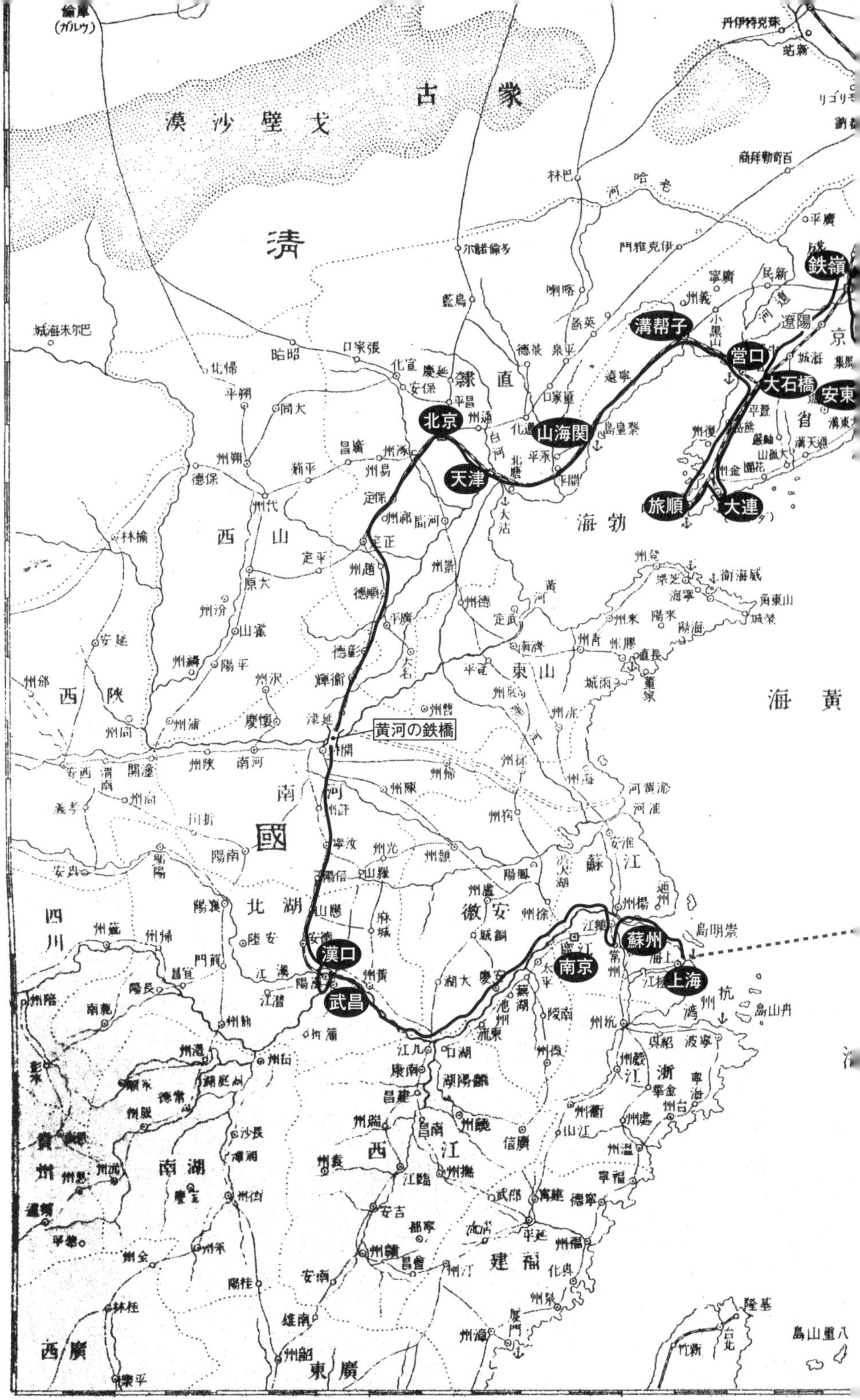
北京
天津
山海関
溝帮子
営口
大石橋
鉄嶺
安東
旅順
大連
黄河の鉄橋
漢口
武昌
南京
蘇州
上海

はじめに

本稿は、明治の「たばこ王」と称された村井吉兵衛《むらいきちべえ》の妻、村井宇野子《うのこ》の六十日間におよぶ、朝鮮、清国の旅日記である。

「六十日間　旅行の経路及概要」と題した記録が、「村井家用箋」五九枚に、毛筆でまとめられている。赤字で修正、書き込みがあるところから、帰国後、鉛筆書きのメモを清書し、さらに推敲を重ねたものと思われる。その記録の一部は、宇野子の亡き後に刊行された伊藤良喬編『卯の花』に収録されているが、編者により加筆されと思われる箇所がある。本書は宇野子の記録全文を書きおこし、加筆部分は削除し注におとした。

宇野子の夫、吉兵衛は、民営時代のたばこ業で財を成したが、日露戦争で国家財政がひっぱくする中で一九〇四年（明治三七）七月、明治政府はたばこ製造、販売を専売とした。家業を手放さざるをえなくなった村井吉

*村井宇野子追悼集伊藤良喬編輯『卯の花（『宇野花』の表記もある）』大正五年刊。

兵衛は、その後、村井銀行を立ち上げるなど、多くの事業をおこしている。朝鮮での農場開発もその一つである。旅行は、この朝鮮の農場予定地の視察を目的としているが、さらに日露戦争で拡大した「帝国の版図」へと足をのばしている。日露戦争の戦跡が今なお生々しく残る清国を歩き、宇野子は何を見聞したのか。

船と汽車を乗り継ぐはじめての長旅である。体が慣れるまでは難儀をしているが、それでも精力的に名所旧跡をめぐり、人びとの暮らしぶりを観察し、日露戦争の戦場、惨状を記録している。時には「帝国」の仲間入りをした日本人が抱きはじめた優越意識を垣間見せながら、旅の見聞を綴っている。

この時代の旅の記録は、夏目漱石の「満韓ところどころ*」やイザベラ・バードの『朝鮮紀行』が知られている。宇野子の旅日記からはかれらと異なる庶民のアジアへの眼差しが見てとれる。

＊「満韓ところどころ」
宇野子の三年後、夏目漱石は一九〇九（明治四二）年九月二日から十月十四日まで満州・朝鮮を旅行。その随筆を『朝日新聞』（一九〇九（明治四二）年十月二十一日—十二月三十日）に連載している。

＊イザベラ・バード
『朝鮮紀行　英国人の見た李朝朝鮮』（時岡敬子訳　講談社学術文庫。一九九九年）。イギリスの旅行家。一八九四（明治二七）年一月から一八九七年にかけて、四度にわたり朝鮮各地を旅行。最初の旅行で「これほど興味をそそられる国はない」との印象を書いている。

目次

※本文中の写真は特にことわりのないものは村井吉兵衛の撮影したものである。
※適宜、句読点を追加のうえ改行し、旧漢字・旧かなづかいは改め、漢字の一部をひらがなにひらいている。
※本文には一部、差別的表現などがあるが、歴史的背景を考え、そのまま収録している。

村井宇野子の朝鮮・清国紀行——日露戦争後の東アジアを行く

1906年（明治三十九）4月14日～6月16日

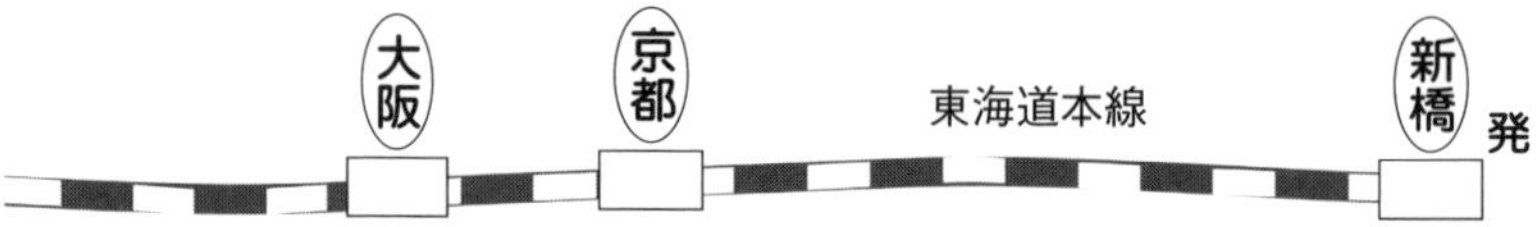

1906年4月14日

◇東京を出発

私が東京を出発いたしましたのは、ちょうど四月十四日、午後六時、新橋発の汽車でございました。翌日、京都へ一寸下車して、用事を済ませると、夜、すぐに大阪まで参り、中ノ島の銀水楼に泊りました。それから翌十六日午前五時五十分発の最大急行列車にて馬関*へ着きましたのは午後八時三十分で、すぐに山陽鉄道連絡汽船対馬丸に乗り込み、その夜十時に出帆いたしました。

◇玄海灘を渡る

馬関―釜山間は、対馬丸・壱岐丸*の二艘が隔日に往復しております。

私はこれまであまり汽船に乗ったことがございませんし、名にし負う波荒き玄界灘のことですから、船の動揺が甚だしくて、気分は悪くなりますし、それから常陸丸が沈没*させられ、口惜しかった事

*馬関
現在の下関。

*対馬丸・壱岐丸
一九〇五（明治三八）年九月、馬関―釜山間に連絡船が就航。山下汽船の壱岐丸・対馬丸が隔日に往復していた。

*常陸丸の沈没
一九〇四（明治三七）年六月一五日。

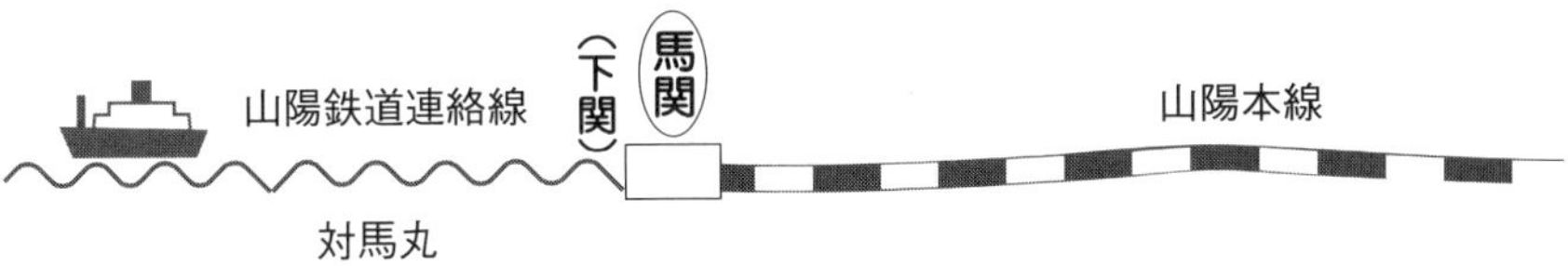

やら、日本海海戦の捷報*を得た時の嬉しかった事やら、それからそれと頭に浮んで参りまして、少しも寝られません。実に一刻千秋の思いで夜の明けるのを待ちました。

やっと窓からあかりがさして参りましたから、嬉しや夜が明けたかと思っても起きて見る勇気がございませんでした。こんな事で、この先長い旅行ができるかと案じているうちに、船は釜山へ着きました。

ちょうど朝の八時頃で、雨がざんざん降っておりましたが、いそいで上陸して大池旅館へ泊りました。

◇釜山の街で

この地は京釜鉄道*の終点の良港でございまして、連なる町は日本家屋、軒を並べて、少しもよその国へ来たような感じはいたしません。ここには日本人の小学校もあります。

ちょっと市場へ行って見物いたしましたが、たいそう不潔でござ

*日本海海戦の捷報　一九〇五（明治三八）年五月二七日。

*京釜鉄道（けいふ てつどう）　漢城（京城・現ソウル）—釜山（プサン）間を結ぶ。一八九八（明治三一）年　京釜鉄道合同条約締結により、渋沢栄一らが京釜鉄道株式会社を設立。一九〇一年に着工した。建設中の〇四（明治三七）年に日露戦争が勃発すると、軍事物資の兵站輸送のために、突貫工事で建設された。

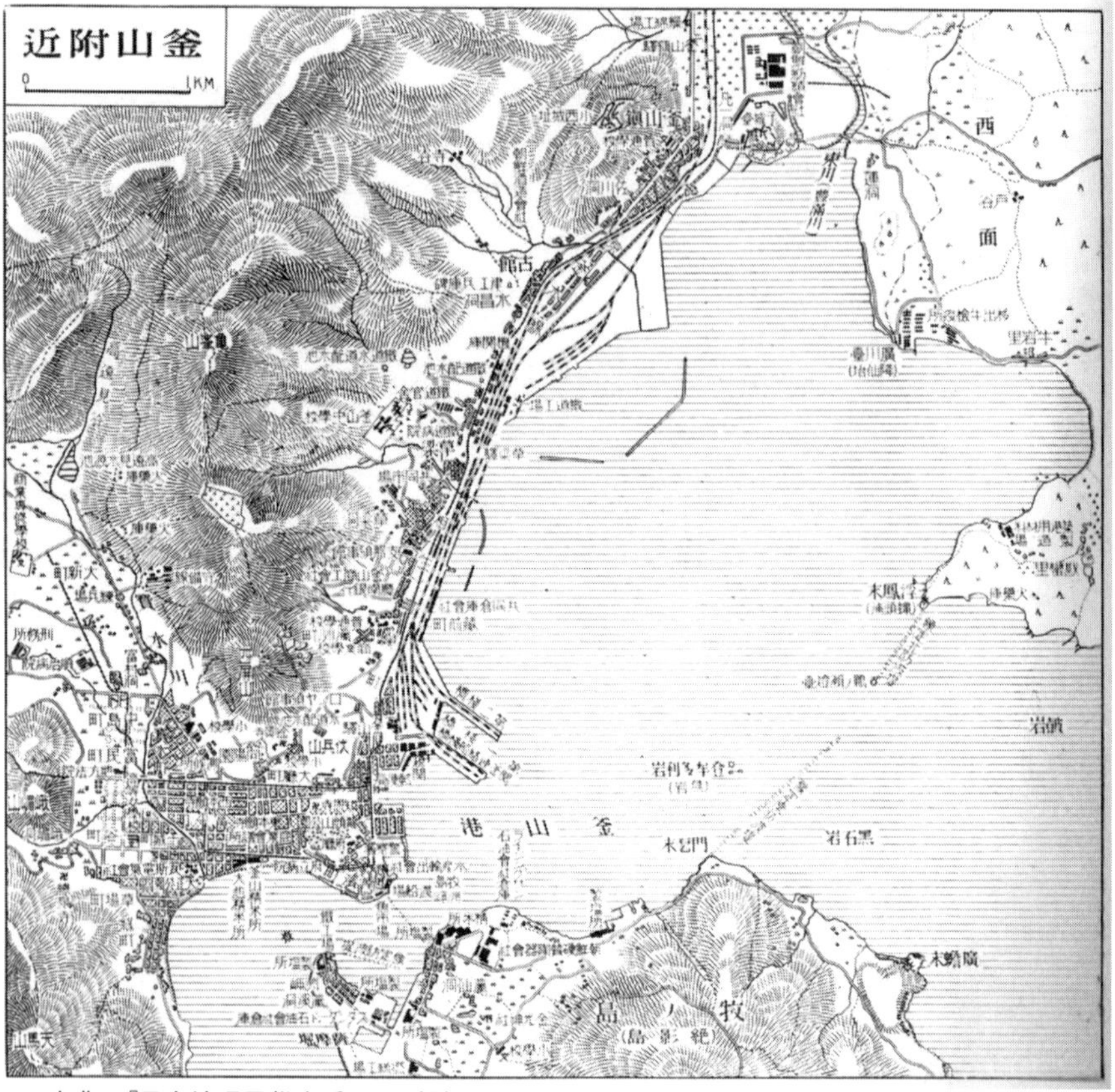

出典：『日本地理風俗大系 17　朝鮮』新光社　昭和５年

出典：『西洋人の見た朝鮮』

＊釜山港市街および付近地図

日本居留地時代の釜山港と市街の地図。港は朝鮮王朝時代の波止場が使用されており、北浜の埋築工事が進行中である。

京釜鉄道は一九〇五（明治三八）年一月に全線営業を開始。当初の終着駅は草梁。釜山駅までの延長開業は〇八年四月。

市街には、居留地役所・領事館・海関・郵便局・警察官などの官公庁のほか、駐韓軍兵舎・憲兵隊・補給秒廠などの軍施設、銀行・海運などの会社、小学校・病院・社寺・料理屋などが建てられ、日本人町を形成している。

いました。葉煙草、わらじ餅など大道に並べて売っておりました。途中、日本ならば車に積むような大きな材木を横長に背負い*まして行き逢う人は、わきへ寄って通りすぎるのを待たねばならんような風をして歩いているのを見かけました。このほか何でも背に負い、また婦人が物を頭に載せて歩いておりました。また、婦人の上着が短くて、両方の乳をあらわにしております*のは、誠に見にくく感じました。

市内の重要な地は日本人が占めておりますから　朝鮮人の住居は市外となって仕舞ったような観があります。

京釜鉄道の停車場のある所は草梁と申しまして、この地を距る東北方の海岸十町ばかりの所にございますが、途中はずっと韓人の家が並んでおります。

*両方の乳をあらわにしております

出典：『西洋人の見た朝鮮』金学俊著、金容権訳　山川出版社　2014 年

◇京釜鉄道に乗って

この地の滞在は三日で、十九日に京釜鉄道に乗って三浪津へ向かいました。三浪津は馬山浦行きの鉄道の分岐点であります。私どもは、ちょっと馬山浦へ参るつもりでございますから、ここで下車して駅長室を借りて昼食をいたしました。ここで山根閣下*に御面会いたしました。

午後四時四十分　馬山浦行きの汽車に乗りました。この鉄道は嶺南鉄道*と申しまして、馬山浦および鎮海湾に参る線で、日露戦争の当時、軍事上必要のため造りましたものゆえ、客車と申しましても、荷車に腰かけを造ったような、お粗末なものでございます。この日は時任大佐以下十名ほど同乗いたされました。

主人は進永*と申すところで用事があって、ちょっと下車いたしましたが、私はすぐに馬山浦まで参りました。

馬山浦は鎮海湾中の一浦で外界より凹入致しておりますことが五哩ほどで、前には巨済島というのがあって風景絶佳であります。明

*山根閣下
山根武亮《たけすけ》。一九〇四（明治三十七）年三月十一日　臨時軍用鉄道監。一九〇五（明治三十八）年二月六日鉄道監。
日露戦争が始まると、日本政府は臨時軍用鉄道監部（鉄道監　山根武亮）に、軍用線路として馬三線の建設を命じた

*嶺南鉄道
のちの馬三鉄道

*進永
夕暮れ、馬山浦に宿泊。
二十日二十一日進永に至る。
此の地は主人が農場の開墾を志し僅かに数件より無き藁小屋の如き朝鮮民家の傍らに一事務所を建設せられしのみにて宿るべき家もなく、四方草渺茫、際限なき沼沢のみ、昼食を済ませて午後二時、望月楼に帰る」（『卯の花』）

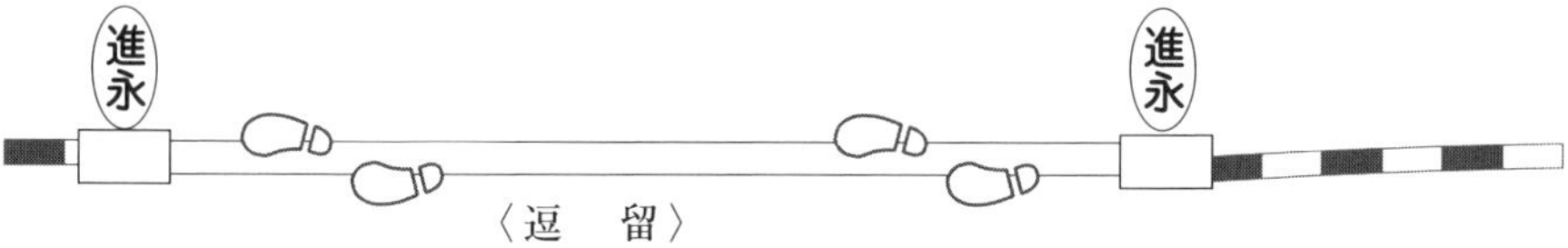
進永
進永
〈逗　留〉

村井農場
縮尺三万六千分之一
洛
東
江
大山水利組合
村井農場
馬三線
凡例
郡界
面界
農場界
畓
田
地形線
河濱池沼
堤防
部落
軌道
閘門
橋梁
渡船所
神社
揚水場
道路

内海提供

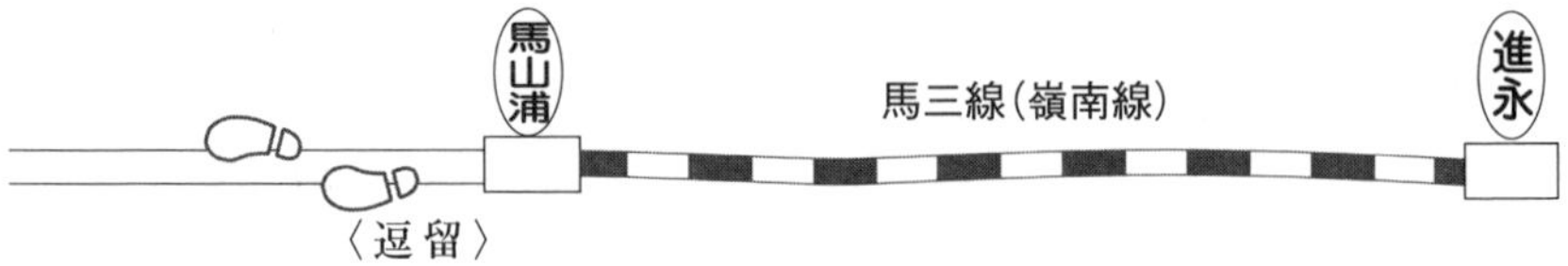

治三十二年に、開港になった処であります。昔は咸鏡道の元山津、忠清道の江景津とともに、朝鮮の三大津といったという説がございますが、釜山の貿易が盛になってからは、非常に寂寥を極めましたが、軍港としては、もっとも緊要な所で、今より数年前、露国（ロシア）がこの地を海軍の一根拠地としようとして、ひそかに土地の買い占めを図ったことがありましたそうで、昔、豊太閤が征韓の役*にも敵の水軍の大将李舜臣が我が水軍の将加藤嘉明らをよく拒いで、我が軍は北進して糧食を海路から送ることができなかったと申すのもここだそうでございます。

また日露戦争のはじめに我が艦隊はここに集合して旅順に向かい、日本海の海戦のときもここに敵艦を待ち伏せたこともあるそうです。

ここにも三日滞在いたして、主人は日々視察にでかけましたが、私は一日だけ一緒に参りまして、あとはそこここを見物して歩きました。この近海では鯛がたくさん捕れて、味もよく、値もお安うございました。

*征韓の役
一六世紀末、二度にわたって行われた豊臣秀吉の朝鮮侵略。日本では文禄・慶長の役、朝鮮では壬辰・丁酉の倭乱という。

釜山港

朝鮮人参売場

朝鮮人家屋にて撮影

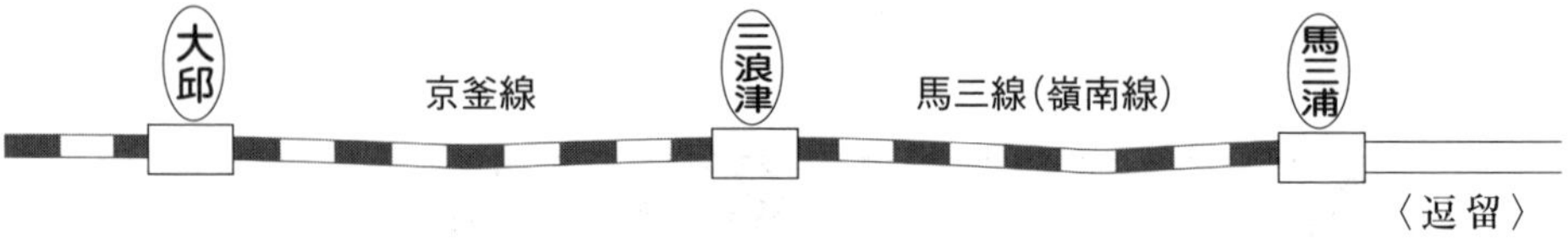

◇大邱の駅で

廿二日午前十時、この地を出発いたしまして三浪津で乗りかえて京城へ向かいました。途中に大邱と申す停車場がございます。この地は慶尚南道の道の観察使が駐屯する大市街で日本の商店も十数件あります。私どもとすれちがいの汽車で、義和宮殿下*が日本へ御渡航になるのを小学校の生徒が、達府公立小学校、達城広文社、私立昌典小学校などという旗をたてて、整列して御奉送申し上げておりましたが、教師には日本人を多く見かけました。

◇朝鮮の首府　漢城

京城は朝鮮の首府で、また漢城*とも申します。現今の皇室祖先李太祖が、いまより五百年前に、全国を平定して国王の位に即きました時に、都をこの地に定めたので、三角山は北に聳《そび》えて、その脈延て北東南の三面を囲み、漢江はその東北の間を縫ふて還流し、三角山の脈と漢江の水とは二重に漢城の三面をとりまいております。*

＊義和宮殿下
一八七七（明治一〇）年三月三〇日生まれ。高宗（李太王）の第五子。母は側室張氏。名を李堈という。九一年、義和君（日本では義和宮）に封じられた。韓国併合後は、公族に列せられて「李堈公殿下」と称された。（新城道彦『朝鮮王公族　帝国日本の準皇族』中公新書　二〇一五年）

＊漢城
一九一〇（明治四三）年九月三〇日、朝鮮総督府地方官制で京城府に改称される。

＊三面をとりまいております。
我が京都に似て王朝時代を偲ばしむ。此の地に滞在中、主人旧友の招きに応じて諸種の会合に列席したり（『卯の花』）

村井農場開墾

京城勤務政殿

奮王場溫突室

市の周囲にはさらに城壁をめぐらしまして　長さ四里十五町、高さ十五尺、厚さ二十尺、城門の高さは三十尺ありまして、北にあるのを粛靖門、南にあるのを崇禮門、東にあるのを興仁門、西にあるのを効義門、東北にあるのを恵化門、西北にあるのを彰義門、東南にあるのを光熙門、西南にあるのを胡義門と申しまして、中でも東と南の二門はもっとも壮大でございまして、全国に通ずる五大街道*の基点であります。

市街の広さは東西三十町南北二十四町で、市の東北部に宮城があって、景福宮と申します。周囲が一里あります。

◇日本人の居留地　泥峴

我が国の居留地は南大門の近傍、泥峴*というところにあります。数百軒　軒を並べてなかなか盛で、統監府もその内にございます。この地の滞在三日の中、一日は仁川へ参りましたから、充分の観察はできません。

＊五大街道
第一　義州一大路　開城　平壌　安州　義州／
第二　慶興二大路　准陽　咸興　北青　慶興／
第三　平海三大路　原州　江陵　三陟　平海／
第四　東萊四大路　龍仁　聞慶　大邱　東萊／
第五　奉花五大路　広州　忠州　丹陽　奉花
なお、大路は十大大路までできる。

＊泥峴（ちんこげ、のち本町通り、現在の忠武路）
泥峴は、かつては道路の幅が狭く凹凸が激しく、悪臭がひどかったが、日露戦争後、日本人人口が激増し、居留民の自治組織である京

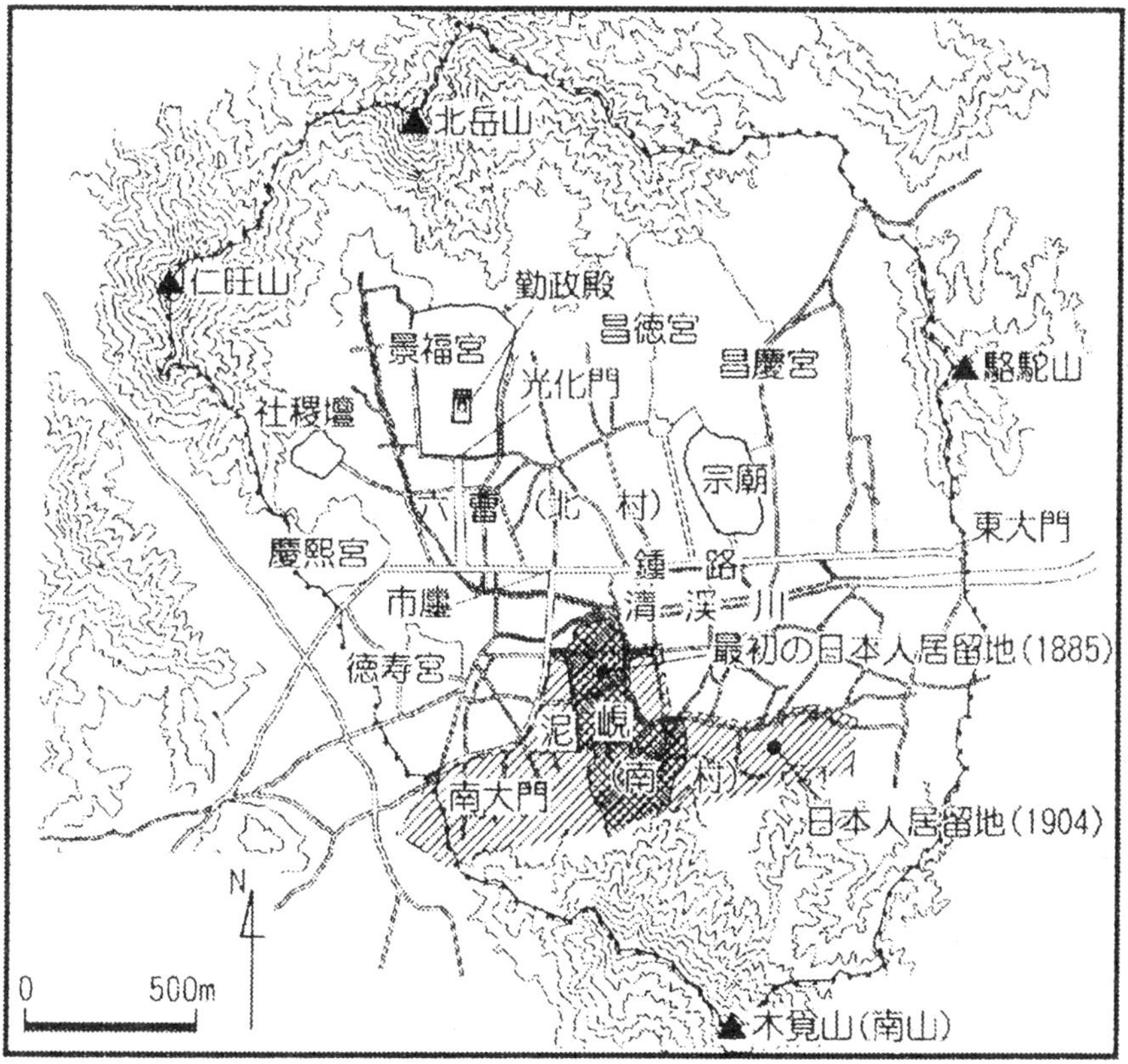

漢城復元図（19 世紀後半）
出典：五島寧「京城の市街地整備における日本人居留地の影響に関する研究」

城居留民役所（のちの京城居留民団役所）により、インフラ整備が進んだ。特に泥峴を中心に延進・拡幅が進んだ。（五島寧「京城の市街地整備における日本人居留地の影響に関する研究」日本都市計画学会『都市計画論文集』48巻（二〇一三年）三号）

一日韓人町を見物に参りましたところが　ちょうどお嫁入りの行列に逢いました。第一番に赤い切籠燈籠みた様なものを持ったもの二人ならんで歩み、その次に嫁が輿に乗りて、輿の上には虎の皮をかけて、両側には介添人やあらむ被衣を着た婦人が二人歩行して従い、その次に黒塗りの手文庫様のもの、机の様なものを頭に載せた者が随行致して参りました。

◇景福宮

それから景福宮*と申す離宮は庭園が誠に広うございまして、中には山もあり池もあり、なかなか景色がよろしゅうございます。私どもが拝観に出ました時は、ちょうど躑躅の真盛でございまして、色は桃色ばかりではございますが、木は皆一丈にあまる古木で、また何やらむ、山吹に似た黄色の花がその間に咲き交って、まるで其美を競うがごとく、其美しさはなんともいい様がございません。

池の畔、山の上など所々に亭があって、まるで畫の様であります。

＊景福宮
李太祖（李成桂）は即位から三年後の一三九五（大祖四）年、高麗の首都だった開京(現在の開城)から首都を漢陽（のちに漢城と改名）に移転。景福宮が創建されたが、一五九二（文禄元）年、豊臣秀吉の文禄・慶長の役（壬辰・丁酉の倭乱）で焼失。一八六八（明治元）年 高宗の時代 興宣大院君により再建された。一九一〇（明治四三）年の「併合」後は、朝鮮総督府の庁舎が置かれた。宇野子が見学した時は、再建当時の様子が見られた。

閔妃暗殺

日本人には知らされなかった歴史の事実

1895年10月8日早朝、景福宮の光化門前には、禹範善大隊長、李斗黄大隊長の率いる「訓練隊」とその前後に日本守備隊が配備され、隊列を組んでいた。訓練隊は、日本の軍事指導を受けた精鋭部隊であったが、閔妃はすでにその解散を決定していた。訓練隊、守備隊に続き門前には、日本兵に強要された大院君を乗せた輿と、60人あまりの日本人大陸浪人・壮士が加わった。

堅く閉ざされた光化門の城壁を梯子で越えた兵士が内側から門を開けた。日本軍、訓練隊と浪人らはいっせいに王宮内に乱入する。王宮を警備する朝鮮の侍衛隊は日本軍に果敢に応戦したが、その間に浪人らは、政務を執り行う勤政殿の脇を抜け、国王高宗と閔妃が住む乾清宮をめざした。

当時景福宮には150あまりの建物がひしめきあっており、建物は石塀で囲まれて、その進路は逃げまどう官人や宮女で混乱したという。

閔妃暗殺

乾清宮にたどりついた日本人らは、その内殿にはいり国王を押しのけながら閔妃を探索したが不明であった。

実のところ、なだれ込んだ日本人の中には閔妃の顔を知るものが1人としていなかった。手当たり次第に女官を問い詰め、ためらう者に切りつけた。その状況は凄惨をきわめた。

乾清宮のなかの神丁寧閣には、女官が多数身を寄せあっていたが、そのうちから身なりの美しい2人を、さらに隣室の玉壺楼で1人を惨殺した。

王妃の所在が確認できないでいたところ、「王妃のこめかみにごく薄い“あばた”がある」という証言をもとに、公使館付警察官萩原秀次郎警部は、玉壺楼で惨殺した女性を女官に確認させ、閔妃であることを突きとめた。

早速、閔妃の遺体を、玉壺楼の背後に広がる庭園の松林に運び、積みあげられた枯れ木の上に石油をかけ火を放ったという。

10月8日、午前8時30分、閔妃45歳であった。

出典）：旅行ガイドにないアジアを歩く『韓国』（梨の木舎）

翠寒亭の畔にて　大きな巌に「飛流三百尺、遥落九天来、看是白虹起、翻来万堅雷」と彫りつけたところがありましたから、どれの事かと思ってよく見ましたら、セメントで細い溝のように造ったところを筧ほどの水が流れておりました。やはり、白髪三千丈的の唐人流のホラかと一同笑いました。さるにてもセメントはあまり没風流なことと感じました。

谷を渡り池の畔を過きて石だんを上りました。魚水門というがあって、上に一つの御殿がありまして、宙合楼*という額が掲げてありました。唐画にある様な金碧紅紫絢爛とした立派な建物でございましたから、一同其の前で撮影いたしました。

今日はちょうど花見の催がありまして、美しき服装した婦人が五十人ばかり先を払はせて通られましたから、側に避けてこれを見ておりました所か、この一番身分高しと見ゆる夫人が長い煙管して煙草くゆらしつつ行く後より、侍女が緞子《どんす》の座布団をささげて従って参りました。夫人の指先の半ほどより爪先まで紅に染めておりま

＊飛流三百尺、遥落九天来、看是白虹起、翻来万堅雷
一六九〇（元禄三）年　粛宗の親筆
流れる水は三百尺も遠くに飛び　流れ落ちる水は高い空から落ちるようで　これを眺めると白い虹が上り　谷間全体に雷と稲光が起こる。
美谷島醇『写真集韓国の庭』求竜堂グラフィックス一九八六年

＊宙合楼
宙合楼は、一七七六（正祖元）年に創建された。「天地宇宙と通じる家」という意味。前面五間、側面四間の二階建ての楼閣。王室の図書館として利用され、下の階には、王室の直属機関である奎章閣に数万冊の本を保存する書庫がある。

景福宮内慶會樓

昌徳宮内秘苑

平壌大同門

した。これは韓国のよき化粧でございましょうが、見なれぬ者には誠に異様に感じました。

景福宮は、ちょうど京都の平安神宮にあるような廻廊や大極殿のような御殿がいくつもありました。いずれも極彩色で床には瓦を敷きつめ、実に立派であります。韓皇の御居間は朝鮮風の温突で、室内の壁は皆、白い紙ではってありました。

故閔妃の御殿*は堅く閉鎖して拝観を許されません。この宮殿は妃殿下の崩後、今の宮殿へ引移られましたから、ただ今ではひどく荒れ果てて殿内には塵積り、庭には草深く茂りて、踏み分けるも気味の悪い心地がいたしました。

◇大臣の家庭のありさま

農商工部大臣陸軍副将権重顕*氏を訪問致しました。

応接の室とおぼしきは、おおよそ八畳敷くらいの広さにて、ここには衛兵にや四五人酒を飲んでおりました。私どもは奥まりたる大

*閔妃の御殿

出典：『西洋人の見た朝鮮』
閔妃が殺害された玉壺楼。1900年頃

*権重顕

権重顕は、第二次日韓協約、一九〇五（明治三八）年に賛成した五人の大臣の一人（韓国では「乙巳の五賊」と呼ばれている）。

韓国併合時に朝鮮貴族という身分が作られた。朝鮮貴族令に基づいて、朝鮮貴族には日本の華族と同一の礼遇が保障され、公・侯・伯・子・男の爵号も付与された。権重

臣の居間*に案内せられました。部屋の広さは六畳よりは狭く四畳半よりは広く、温突の上に敷物を敷き、端の方にはその上に巾狭く細長き唐繻子の薄い布団が敷いてありまして、これに請ぜられましたのち、各座についていちいちお話をいたしました。

大臣は、傍らの戸棚を開けて自ら葡萄酒、煙草などをとりだして、もてなされました。その戸棚は錠がおろしてあって、大臣自らいちいち鍵をもってあけられるのは、誠に異様に感じました。

折りふし夫人は病気にてひきこもりおられたれど、折角、遠くより来られしなれば其居間*に御案内すべしとて、自ら先に立ちて私を導かれましたから、随ひ行きましたら、廊下を廻りて二つ三つ部屋がありまして、その先に四畳敷くらいの夫人の部屋がありました。やはり温突にて油たん*を敷き、その上に座布団を敷いて其上に請ぜられました。

夫人は小さき屏風の前にちょうど立膝のようなふうをして、老婆一人介抱して、食事など進めておりました。小さな子どもが四、五

顕は朝鮮貴族六八人（一九一〇年）の一人、子爵。（前掲『朝鮮王公族』）

＊大臣の居間
舎廊房。主人の居室で客人の接待が行われる。

＊居間
内房（あんばん）。最も奥まったところにあり、主に主婦と子どもたちの居室、夫と子ども以外の男性には閉ざされた部屋。

＊油たん
油引きの紙・布

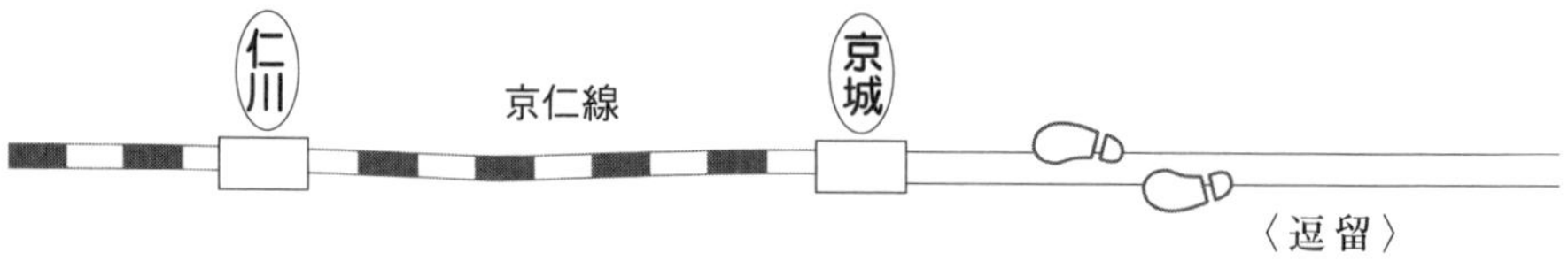

人ほど出てこられましたが、皆この家のお子だそうです。長座は迷惑ならんと察して急いで辞して帰りました。

◇龍山*

京城をへだてる西方約一里あまりのところにあります。京釜、京仁、京義、三鉄道の集合点なる上　漢江の河岸にて仁川*より船運の便もございますれば古より全道の貢米を輸送する集点で京倉の設があるうえに、我が韓国駐屯軍総司令部および師団の兵営の建築地でございますから、将来ますます発達いたすことでございましょう。この地より京仁鉄道に乗りますれば直ちに仁川へ参ることができます。

◇仁川

仁川は京城の西九里にありまして、明治十六年我が国のために開いたところで、漢城の咽喉のみならず忠清、京畿、黄海、平安四道

*龍山
日清戦争で大挙して朝鮮に出兵した日本軍は、戦争終了後も公使館守備隊が駐屯、さらに一八九六（明治二九）年日露協定で京城、釜山、元山、京釜間電信線保護のため、日露戦争の直前まで日本軍が常駐した。
日露戦争開戦後の一九〇四年三月十一日、六大隊半の兵力で新たに韓国駐箚軍（韓国併合後は朝鮮駐箚軍と改称）を編成した。その総司令部が龍山に置かれていた。

*仁川
日本を始め西欧が租界を作っていた。開港直後の十一月に第一国立銀行釜山支店の仁川出張所がおかれた。
（合）村井兄弟商会は一八九四（明治二七）年に、代理店を置いていた。

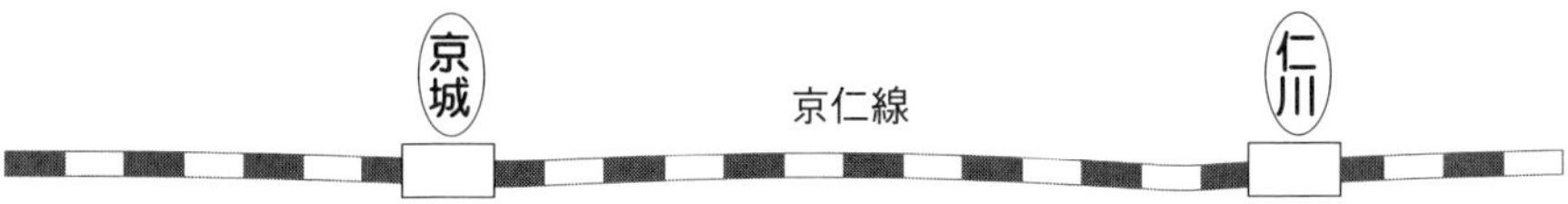

の貿易は、皆この地で行われますので、韓国第一の開港場でございますが、京釜鉄道全通以来、日本よりの旅客は多くこれによりますので、少しく発達進歩の度を止めた観はありますが、漢江という船運の便ある大河がございまして、容積の大きな荷物は、皆この江によって京城へ運搬されるのであります。この地に居留する我が人口は一万四〇〇〇人余で、理事庁*と臨時軍用鉄道監部*がありまして、山根陸軍少将が総監であります。

　ここで監理される鉄道は、京釜、京義*、京仁*、嶺南、兼二浦支線、安奉鉄道で、その延長は

京仁　二十七哩
京釜　二百七十四哩
京義　三百十三哩
嶺南　二五哩
兼二浦支線　十八哩
安奉　約百哩

*理事庁
　韓国統監府は伝統的な道—府・郡系列の地方行政体制とは別に、開港地（専管居留地）管轄の理事庁を設置。開港場都市の府尹は理事庁の日本理事官の指揮を受ける。
　開港場都市の日本居留地では、郡行政とは全く別の「自治的地方行政制度」が実施された。
　洪淳権「植民地期釜山の議会と日本人」『九州国際大学経営経済論集』第十八巻第一号　二〇一一年一〇月

*臨時軍用鉄道監部
　（後掲解説一四二頁参照）

*京義線
　京城の龍山と新義州を結ぶ路線。一九〇六（明治三九）年に開通したばかりの軍用鉄道。

*京仁鉄道
　京仁鉄道は、日本資本が敷設した朝鮮最初の鉄道で、一九〇〇（明治三三）年一一月一二日開通。京城の西方約一里ほどの龍山から出て仁川と結ぶ。

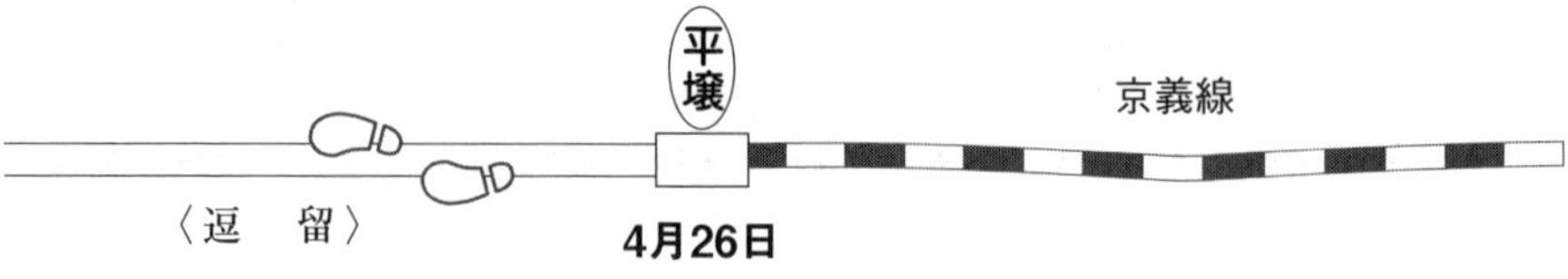

合計七百五十七哩

であります。京義線は明治三十七年五月以来　満一ヶ年で軍事上の用を辨ぜんために最大の速力をもって完成したものであります。

◇平壌

二十六日午前六時に京城を発し、午後四時四十四分に平壌に着きまして、平壌館に泊まりました。*

平壌は平安南道の首府で一に西京と称ます。周のはじめに箕子がはじめてここに都致しましてから久しい間、国都になっておりました。大同江は市街を環って流れて河口にいたるまで、舟運の便があります。市街を分けて内城、中城、外城、東北城の四区といたしてあります。市の形は東西に狭く南北に長く、そのうえ北方が高く南方が低く、ちょうど舟のようであります。

住民は皆大同江の水を飲料に用いております。この地は昔、豊太閤征韓の役に明の大軍と戦争した遺蹟で、小西行長が李如松*に敗ら

*平壌館と言えば名のみは立派なれど戦後一攫千金を夢む人だちの急卒に経営せしものなれば畳と畳との間に一寸あまりの空隙あり莨簀をもて圍める風呂場など無造作には驚くばかりなり（『卯の花』）

*李如松
中国、明末の武将。鉄嶺（遼寧省）の人。一五九二（万暦二〇）年ボハイ（哱拝）が寧夏で乱を起こすと提督陝西討逆軍務総兵官となり、苦戦ののち乱を平定した。同年壬辰倭乱（文禄の役）がおこると防海禦倭総兵官として朝鮮に出兵し、九三（万暦二一）年正月、平壌を守る小西行長軍を破り南下したが、碧蹄館で小早川隆景の軍に敗れた。四月、日本軍が京城を撤退したので京城に入り、一二月撤兵帰国した。（平凡社　世界大百科事典）

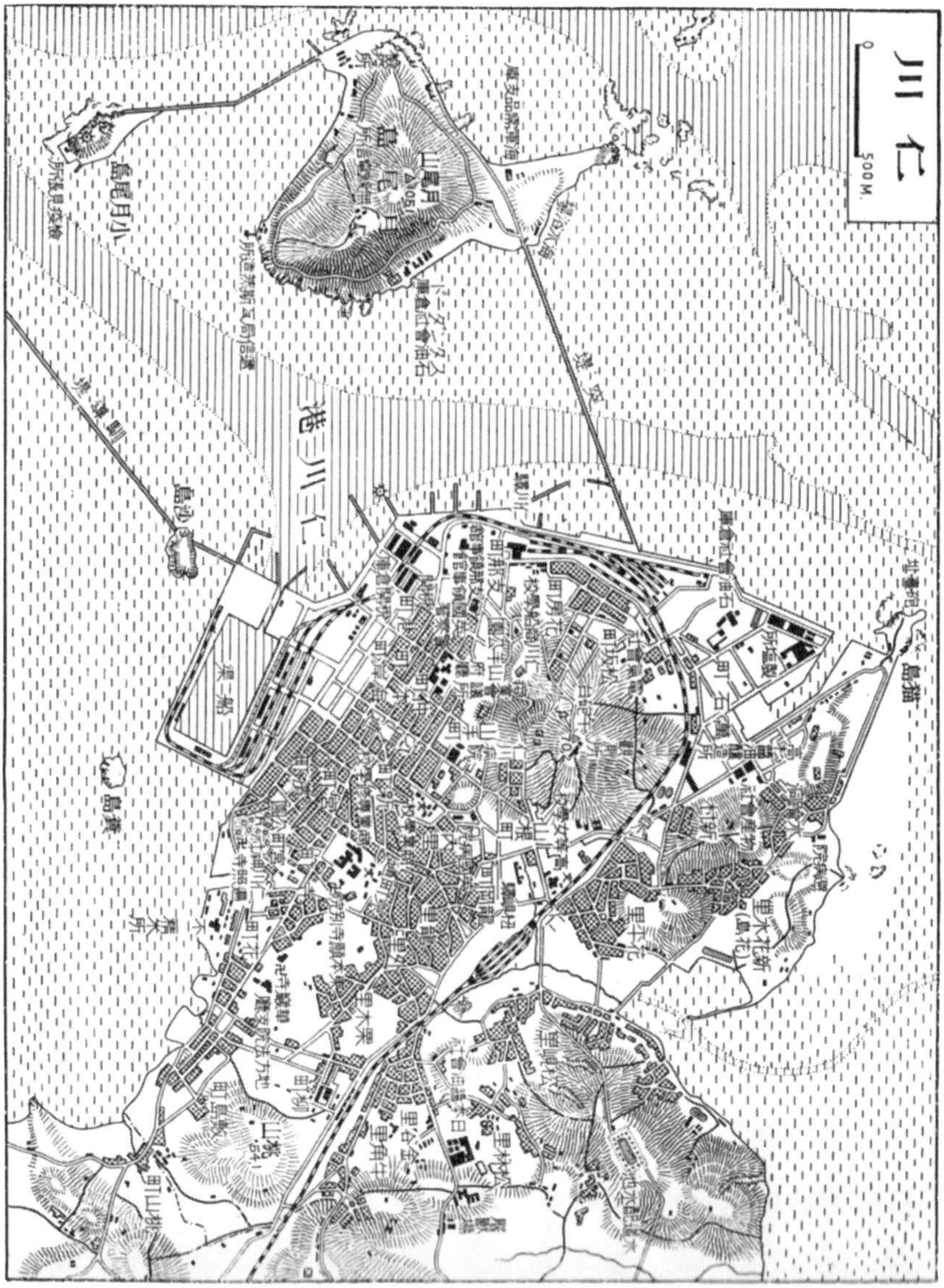

出典：『日本地理風俗大系 17　朝鮮』新光社　昭和五年

れたところであります。

近くは日清の役に、我が第一軍が京城より北進してこの地に拠れる清軍二万余を伐ち破りまして、牡丹台玄武門*の名は子どもでも知らぬものはございません。牡丹台の上には戦死者の碑が建っております。ここに上れば平壌市街は一目に見えます。また後の谷を隔てて一つの禿山がありまして、その麓にアーチ形のトンネルの入口のようなものが見えます。それがすなわち玄武門であります。

朝鮮の有名なる官妓はおもにこの地から出でるということで、官妓の学校*があります。ちょっと参りましたが、昼休みの時間で授業は見られませんでした。一二、三から十五、六くらいの娘が十五、六名ばかりおりまして、六、七十くらいの老翁が一人監督いたしておりました。学課は書、詩、唱歌、音楽を教授しておるという事でございます。*

*牡丹台玄武門
一八九四（明治二七）年九月一五日の平壌戦で、この玄武門の城壁をよじ登ったのが原田重吉一等卒で、錦絵にも描かれた原田は一躍ヒーローとなっていた。（木下直之『戦争という見世物 日清戦争祝捷大会潜入記』ミネルヴァ書房 二〇一三年）

*官妓の学校
妓生 牡丹台と共に平壌名物の一つ。姿態と服装の優美と共に、品格も自ら卑しからざるものがある。（『日本地理大系 朝鮮篇』改造社、一九〇〇年）

*二七日正午まで古都へ送るべき文などを認む、午後理事長を訪問し後に牡丹台に到り玄武門を見る。この夜午後六時より理事長の晩餐に招かる。翌日は平壌を見終り（『卯の花』）

平壌大同江（玄武門）

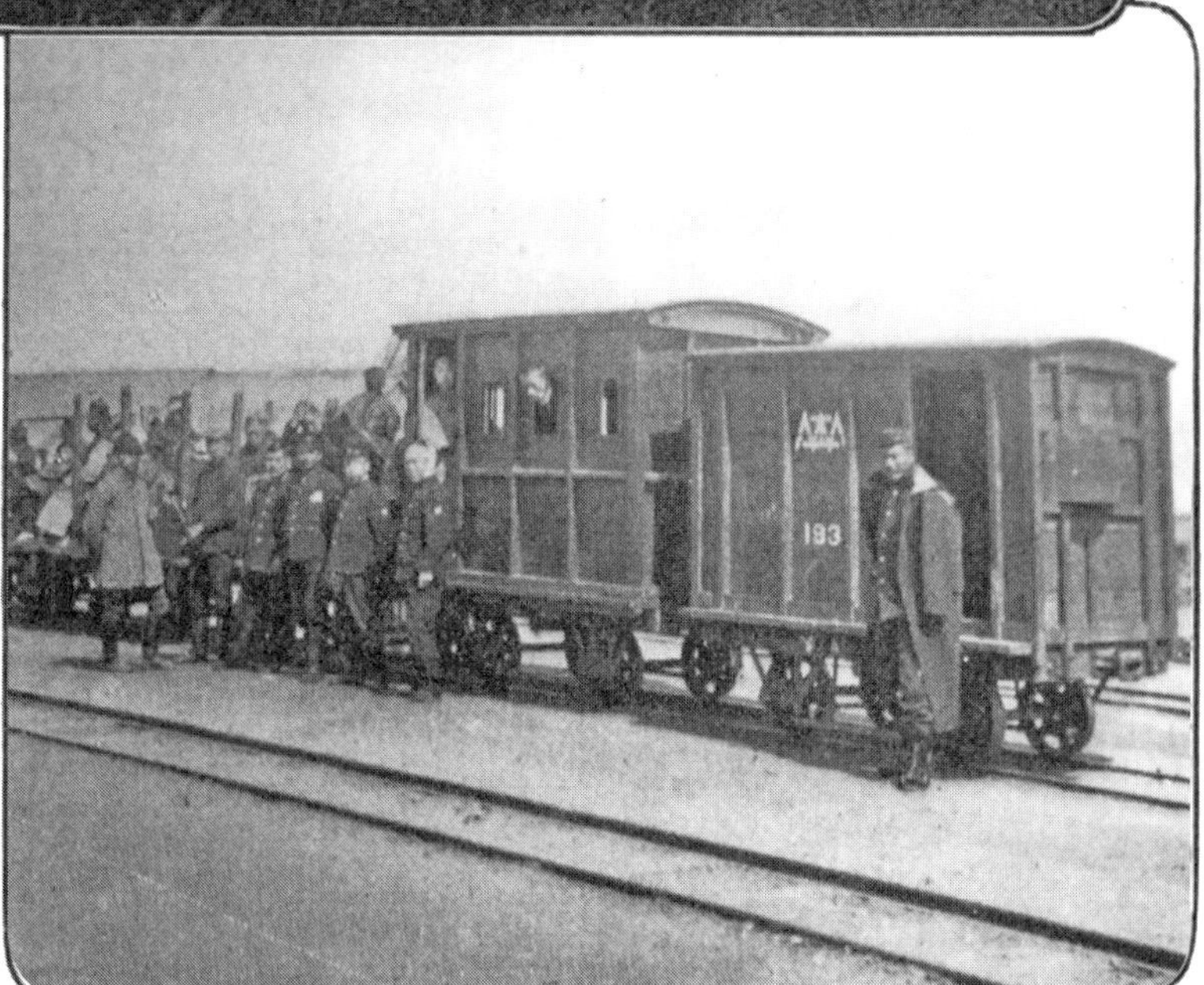

安東県旧鉄道（奉天行）

◇新義州　京義鉄道の終点

二十九日午前七時に平壌を立ちまして、新義州へ着きましたのは、午後四時三十五分でありました。

新義州　義州より鴨緑江を下ること一里あまりのところで、京義鉄道の終点であります。江を隔てて満州の安東県と相対しております。

直ちに小汽船で鴨緑江を渡って安東県に参りました。江の水はじつに名のごとく清冽でございました。この汽車中にて天津の人厳智宗、湖南の人范源廉*という二人に逢いました。厳氏は四年前より范氏は八年前より我が国へ留学して、ともに高等師範学校の卒業生で、辮子も切り洋服を着ておられますから、ちょっと日本人み似たようであります。

厳氏は遠からずまた我が国に来るつもりにて、妻君は相州葉山に残しておかれたそうで、二人はともに奉天へ赴くものなれば、是非同道いたしくれよとの頼みでありましたから、これに応じて奉天、

*天津の人厳智宗、湖南の人范源廉（後掲解説参照）

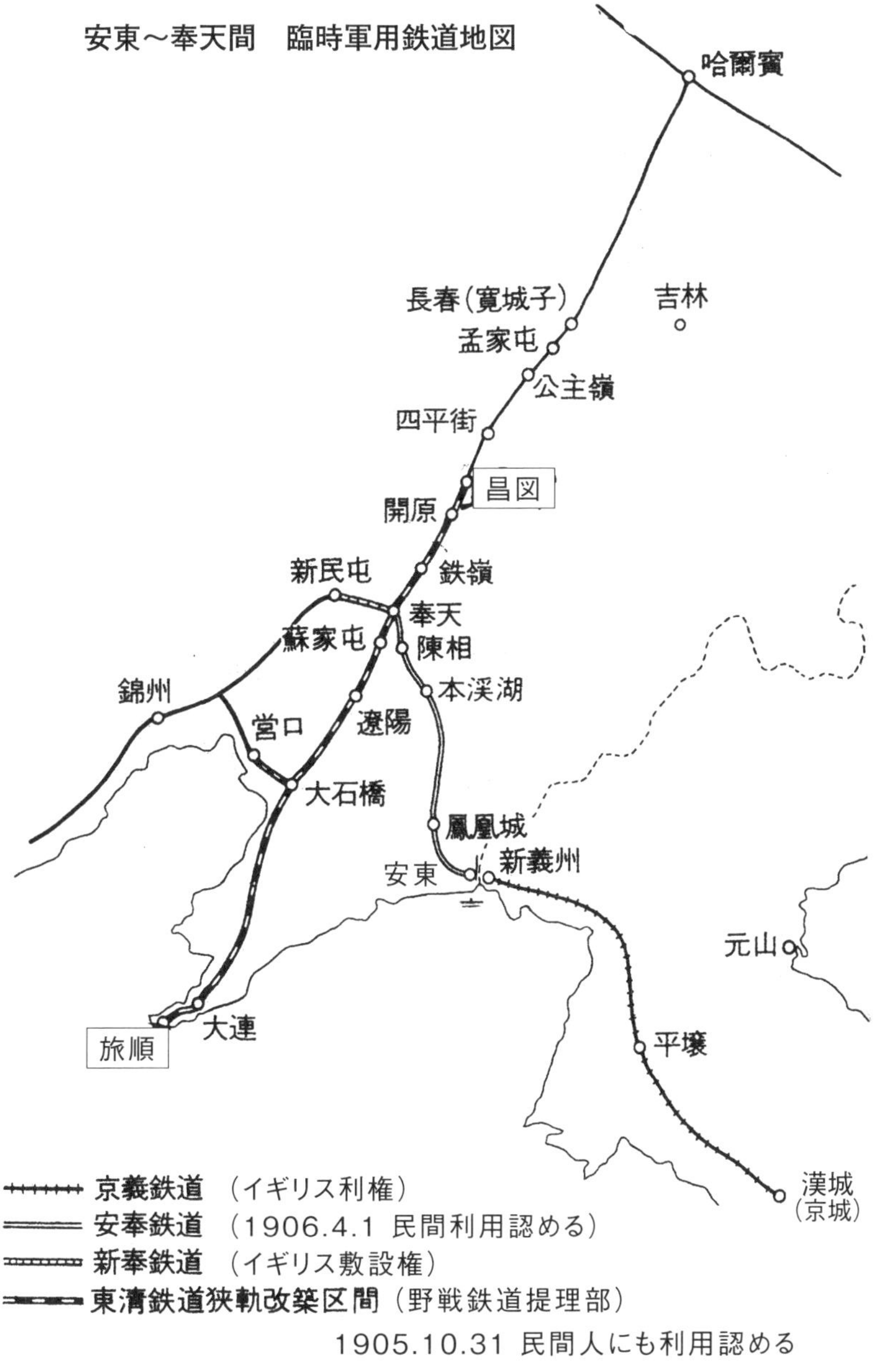
安東〜奉天間　臨時軍用鉄道地図
哈爾賓
長春（寛城子）
吉林
孟家屯
公主嶺
四平街
昌図
開原
鉄嶺
新民屯
奉天
蘇家屯
陳相
本渓湖
錦州
営口
遼陽
大石橋
鳳凰城
安東
新義州
元山
旅順
大連
平壌
漢城
（京城）
京義鉄道　（イギリス利権）
安奉鉄道　（1906.4.1 民間利用認める）
新奉鉄道　（イギリス敷設権）
東清鉄道狭軌改築区間（野戦鉄道提理部）
1905.10.31 民間人にも利用認める

日露戦争中に建設された軍用鉄道

安奉線線路圖

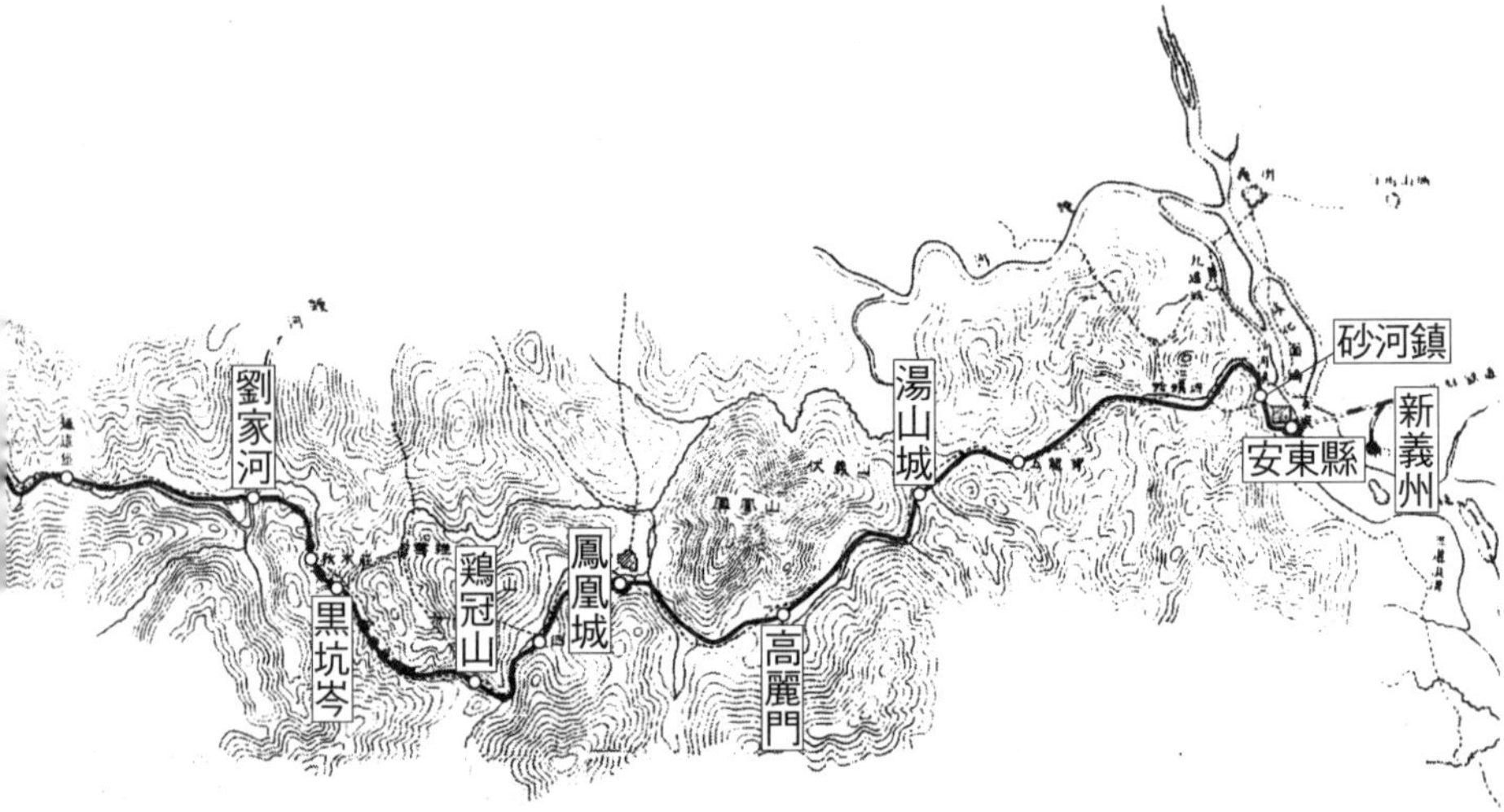

＊九連城占領の記念日

一九〇四（明治三七）年二月一〇日、日本はロシアに宣戦を布告。

五月一日　第一軍（軍司令官黒木為禎大将。近衛・第二・第一二師団を基幹とする）が鴨緑江渡河作戦を開始し、九連城陣地を占領した。

五月八日　東京では大祝捷提灯行列があり、日本全国津々浦々、「勝った！　勝った！」と大騒ぎをし、東京では死者二〇人が出ている。

翌年の一九〇五（明治三八）年九月五日「ポーツマス条約」が調印（首席全権：小村寿太郎）され、日露戦争は終結した。東京では、無賠償の講和に反対する民衆が暴徒化し、交番や教会や電車などを次々に襲った。日比谷焼き打ち事件（五―六日）。

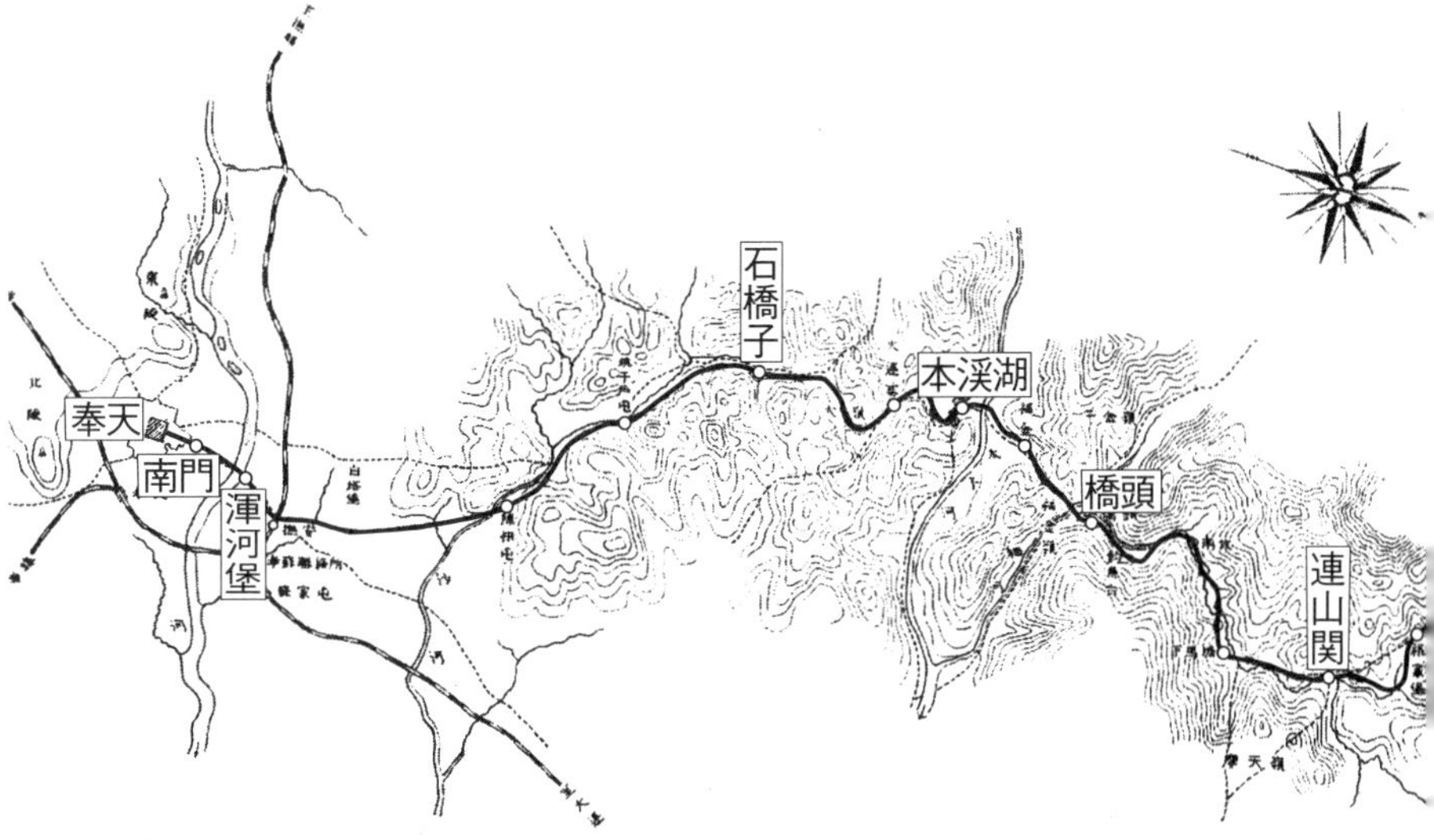

「南満州鉄道安奉線線路図」より作成

＊安奉鉄道（安奉軽便鉄道　総延長三〇二・五六キロ）
日露戦争の兵站線建設、運営のため、臨時軍用鉄道統監部が新たに建設した軍用鉄道。一九〇四（明治三七）年五月から満一年という速さで敷設した。一九〇五（明治三八）年四月二十八日に開通した。

＊人車鉄道
軌道の上の車輌を人力で押して走らせ、人や貨物などを輸送した。

旅順、大連を経て・九連城営口まで同行いたしました。

◇九連城占領の記念日

安東県に一日滞在して五月一日朝早く出発いたしますつもりのところが、この日は九連城占領の記念日*にて日本人一同、盛んに祝宴を開き、山車などだして大層な賑わいで、汽車も午前中は休むとの事に、やむをえず　延して午後三時頃　出発しました。これからが安奉鉄道*であります。

◇安奉鉄道に乗る

この鉄道は、戦時中、荷物輸送のため百哩ばかりをわずか三月ほどでこしらへたのだそうで、大きさは小田原熱海間の人車鉄道*くらいで、二噸の貨車にガラス窓をあけ、両側に腰掛をつけたのを特別待遇の上等車とし、普通車は石炭など積む屋根のない貨車であります。軍隊の許可*を得なければ乗ることができない規則で、それに途

*九連城占領の記念日
三六頁注参照
*安奉鉄道
三七頁注参照
*人車鉄道
三七頁注参照
*軍隊の許可
一九〇五（明治三八）年一〇月三一日　野戦鉄道提理部は、「野戦鉄道普通輸送規定」を定め、民間人の軍用鉄道の利用を認めた。一九〇六（明治三九）年四月一日からは安奉鉄道（陸軍臨時軍用鉄道監部が管理）についても、軍用軽便鉄道のまま民間の利用を認めている。（井上勇一『鉄道ゲージが変えた現代史　列車は国家権力を乗せて走る』中公新書　一九九〇年）
宇野子はこの利用が認められた直後に安奉線に乗っている。

中いかなる危険に遭遇するも、その責に任ぜぬということでありま す。ある西洋人がこの汽車を見て　造った人も人だが乗る人も人だ*と評したそうであります。

午後六時鳳凰城に着きまして、鉄道班の官舎に一泊いたしました。夕刻城内を見物いたしましたが、市街はなかなか立派で大きな商店もたくさんありましたから　長白山から出る虎の皮や白狼皮など求めて帰りました。

二日午前六時十分発車いたしました。この列車は前に無蓋貨車五台ほどありて、次に二噸の貨車二台、その次にまた無蓋貨車二台連結したもので、一台の特別車に私どもの一行が乗りまして、あとの一台に荷物を積みましたが、まだ軽いからとて石など積み込みました。

普通、支那人は前の無蓋貨車の荷物の上に乗っております。*鶏冠山─荒地嶺の線路は、じつに嶮しく、乗っている身も終始ヒヤヒヤ

*造った人も人だが乗る人も人だ
当時の日本には機関車、列車の製造技術はなく、この車両は外国製。

*宇野子が乗った時の安奉線（旧線時代）の黒坑越えは、黒坑駅での五段のスイッチバックに加え、カーブが連続した難所だった。

して安い心もいたしませんでした。

それから二道溝、大房身、黒坑嶺、秋木庄、林家台、草河口、下馬塘、金坑など申すところを経て橋頭駅に午後九時に着致しました。

下馬塘、金坑あたりは即、摩天嶺の麓で、日露戦争の戦場になった所であります。橋頭には二、三十人の馬賊の一隊が襲い来るなど、道々聞こえて誠に気味悪く感じました。

橋頭停車場から守備隊の兵舎までは、おおよそ千メートルほどありまして、途中も馬賊の恐れがあると申すので、駅長の好意にまかせ、鉄道班の官舎のおよそ六畳敷に六人ごろ寝をいたしました。途中、太子河上流の渓谷中には雪が見えましたほどで、なかなか寒くて綿入に綿入羽織を重ねて着ておりました。

三日の朝、駅長の案内で官舎のうしろの丘の上に登りました。この地は梅沢道治少将*（中将）の奮戦せられた有名なところで、かた

*梅沢道治少将
日露戦争中、梅沢道治少将が指揮した近衛後備混成旅団は、全軍から後備旅団の白眉と称賛された。旅団長の名前から「花の梅沢旅団」と語り継がれている。
（藤井非三四『知られざる兵団 帝国陸軍独立混成旅団史』国書刊行会 二〇二〇年）

わらを戴河というのが流れておりまして、丘の上には忠魂の碑が建ててあります。丘の下に支那人の家がありましたから、入ってみましたら、婦人が靴を縫っておりましたが、じつにみごとなものでありました。

また　揺籃とて大きな小判形をした桶のようなものに鎖をつけて天井の梁からつるして小児を寝かせておりました。また庭には大なる石臼をすえて、ロバに綱をつけて、その石臼を廻させて麦粉などひいておりました。

◇本渓湖　隠密行の西園寺侯爵一行と出逢う

午前九時に橋頭を発車いたしました。これから上り道で本渓湖までのあいだには、念仏橋だの阿弥陀橋などという橋があります。このあたりは誠に危険で自然にお念仏がでるので、そういうのだそうです。私どもの乗った汽車もうしろの荷物を積んだのが脱線いたしましたが、早々見つけてさわいだので、幸いに無事なることを得ま

した。

本渓湖は閑院宮殿下*の御奮戦遊されしところで、いまも若干の守備隊が置いてあります。ちょうどこの駅で西園寺侯爵*の一行が昼食をしておられたのに逢いました。ちょっとご挨拶して、ほどなく発車しました。

又通に孟家駅というがありまして、この地は閑院宮殿下がご滞陣あそばしたところであります。敵軍がこれを探りおりて、はげしく攻撃したるために　ひどく荒れ果てております。

近傍にひとつの寺があります。その当時、糧食を運ぶことができませんでしたため、この寺の僧侶が村民を督してにぎり飯などつくって日本軍に送って助けたので、寺僧は閑院宮殿下より謝状を賜ったそうです。

途中、沙河対陣*中の堡塁がところどころに見えました。奉天についたのは夕刻で、日清倶楽部に宿しました。

*閑院宮殿下（載仁親王）かんいんのみや（ことひとしんのう）

一九〇一（明治三四）年一一月三日騎兵第二旅団長。日露戦争では騎兵第二旅団長（第二軍、後に第一軍）として参戦。沙河会戦では迂回して本渓湖守備隊を攻撃中のレンネンカンプ軍を襲撃、撃退して戦功をたてた。

*西園寺侯爵

西園寺首相は四月一四日から密かに満州を視察していた。

*沙河対陣

一九〇四（明治三七）年一〇月八〜一八日。ロシア軍が日本軍最右翼の本渓湖を攻撃、本格的攻勢が始まる。九日　第一軍司令部が本渓湖を守る梅沢旅団に援軍を送る。日本軍とロシア軍は、沙河付近で戦闘を展開し、双方に大きな人的損害がでた

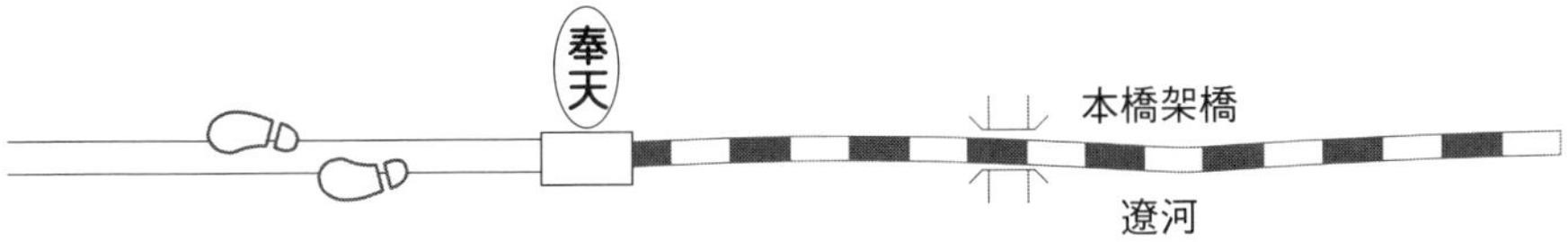

◇奉天　清朝の起こった地

奉天は一に盛京と申しまして、現今清朝の起こった故地でございます。

四日には、藤本将軍*を訪ね市中を見物し、五日に乾隆帝の金鑾殿*を拝観いたしました。まことに宏壮なる建築なれど、修繕の届かざるため庭には草茂く生いたるのみならず屋根にも草生いて、瓦もずり落ちて割れているところもありて、誠に荒れ果てたる有様であります。〔欄外〕さながら韓国の宮殿のごとし。

宝物を拝見いたしましたところが　周漢唐の銅器や刺繍、画帖、堆朱などがありましたが、中にももっとも立派なりしは、乾隆帝の御衣で数限りなき真珠をもって龍など縫ってあります。帽子なども金剛石、真珠、珊瑚などにて飾りたる、実にまばゆい程、立派であります。また、胸飾りなどは、今日見ることもできぬような見事な真珠、珊瑚、宝玉などで造られてありました。

文淵閣*という図書館の見事な事は、じつに驚くばかりですが、塵

*藤本将軍
藤本太郎（歩・高知）
一九〇五（明治三八）年一月一四日、少将。宇野子が会った時は歩兵第二七旅団長だった。

*金鑾殿
明代の一四二〇（永楽一八）年に創建。宮殿の高さは三五・〇五メートル、面積は二三七七平方メートルで、宮廷建築様式で建てられ、七二本の巨大な柱が建物を支え、その中の六本は雲龍文様を漆で盛り上げて金箔で覆った金柱である。故宮の中で一番大きな宮殿である。

*文淵閣
明・清代の宮中にあった蔵書の殿閣。武英殿と中心軸をはさんで正対する御殿が文華殿である。ここは中華皇帝が臨席する図書館（閲覧室）であり、その背後にある文淵閣は宮廷の蔵書蔵である。

の積もれることもまた驚くほどであります。この頃、お手許金がさがって修繕にかかりおれど、とても昔のようにはなるまいと思ひます。

午後より城外二里ばかりのところにある北陵へ参りました。北陵は清の二世太宗文皇帝*の御陵でございます。このあたり馬賊の砦があるとて、二名の護衛兵を藤本少将からつけてくれられました。

これも壮大なる御廟ではありますが、気の毒なことには、日露戦争の戦場となりしため、大砲の弾痕を所どころに留めて　いたく破損しております。内部は黄金色の壁なるに萌黄色の陶器の龍など張りつけ、天井より柱にいたるまで極彩色にて誠に美しゅうございます。

市街は満州第一の都会たるに恥じず立派であります。ことに東清鉄道*の停車場の広大なることは、とても我が国には比較すべきものがございません。

＊太宗文皇帝
清第二代皇帝太宗。諡・文皇帝

＊東清鉄道（東清鉄道南満支線）
ロシアが中国東北部に建設した鉄道。シベリア鉄道に接続し、ロシアの南進を支えた。三国干渉で遼東半島を日本から清朝に返還させたロシアは、その見返りとして一八九六年に露清密約を交わし、シベリア鉄道と極東のウラジオストクとを最短距離で結ぶ鉄道の敷設権を得た。
満洲里と綏芬河とを結ぶ本線、ロシアの租借地となった大連・旅順とハルビンとを結ぶ南満洲支線が建設された。日露戦争後、南満洲支線の長春以南は日本に譲渡され、その運営のため南満洲鉄道株式会社が設立された。

北陵にて撮影
立てるは夫人

同上石馬

奉天孔子廟
中央は夫人

◇鉄嶺　農産物の集積地

七日午前、五十分奉天を発しまして、鉄嶺*につきましたのは午前九時半であります。奉天—鉄嶺の間には、元来、ロシア人が多く住《すま》っておりましたが、退却の際、焼き払いましたので、柱や壁などばかり残っている家がところどころに見えました。また、十字架の墓や電信電話の柱の折れたのや線のちぎれたものなどが誠にたくさんにありました。また塹壕のそこここに見えますのは、我が軍の拠った跡だそうです。

鉄嶺というと山の上にでもあるかのような気がいたしますが、平地の都会であります。市内にもロシア人の家屋の焼け跡が所々にあります　この地は遼河の水運の便利がありますので、南満州の農産物の集散地になっておりますので、誠に繁華でございます。

いかがわしき婦人の七〇〇名*も入り込みおるというのでも、その賑はしいありさまは想像ができましょう。この地の見ものは停車場の倉庫であります。

＊鉄嶺
本文には出発時間の記述はないが、鉄嶺—奉天間は四四・四マイルであり到着時間から逆算すると六時五〇分出発と思われる。
鉄嶺の街は遼河の水運の便利があり、南満州の農産物、綿糸・綿布の集散地。

＊いかがわしき婦人の七〇〇名
安東では、日本陸軍が占領したあと、間髪を入れずいろいろな職業の日本人が根を下ろして活動していた。（中略）この時期、軍の中枢の意を体して国策という殻をかぶり、元来の醜業をいささかも悪びれずに、逆に大手を振って、のし歩いた輩がいた。
全国の周旋屋を総動員して、遊女をかき集めたり、（中略）適齢の婦女を募集して戦士の慰問に当たらせた。（大和田義明「一旗を揚げる」安東会『ありなれ』第六〇号　二〇一六年）

奉天北陵山門

奉天

支那鳳凰城

◇遼陽

鉄嶺ホテルに一泊して、翌日は午前十一時十一分発の東清鉄道で、遼陽へ行き、午後六時二十九分着、遼陽ホテルに一泊いたしました。鉄嶺―遼陽間に奉天沙河の戦場がありまして、今猶そのあとが残っております。またロシア兵の輸送にもちいたという列車が線路の両側にごろごろたくさんころがっておりました。関東総監督府*は二、三日前まではこの遼陽にありましたが、いまは旅順に引き移りました。

◇大連* 一億五千万円をかけた都市

九日午後六時二十九分発大連に向かいました。汽車中に一泊して、南山の戦場を望みつつ大連につきましたのは、十日の午後十二時五十分頃

＊関東総督府
関東州と長春・旅順間の鉄道（後の南満洲鉄道）の防衛のために設置された天皇直属機関。

＊大連
現在の中国遼寧省、遼東半島南端の港湾都市。哈大線（ハルビン―大連間、旧東清鉄道支線）の終点。一八九八（明治三一）年にロシアが不凍港を求めて租借、商港建設を始めた。一九〇五（明治三八）年、ポーツマス条約により、日本の租借地（関東州）となり、港及び施設等の権利が移転された。日満連絡船（大阪―大連航路）が開設され、南満洲鉄道株式会社（満鉄）の本社も置かれた。

大連埠頭

大連の大広場
出典：『日本地理大系　満州及南洋篇』改造社 1930（昭和 5）年　上下とも

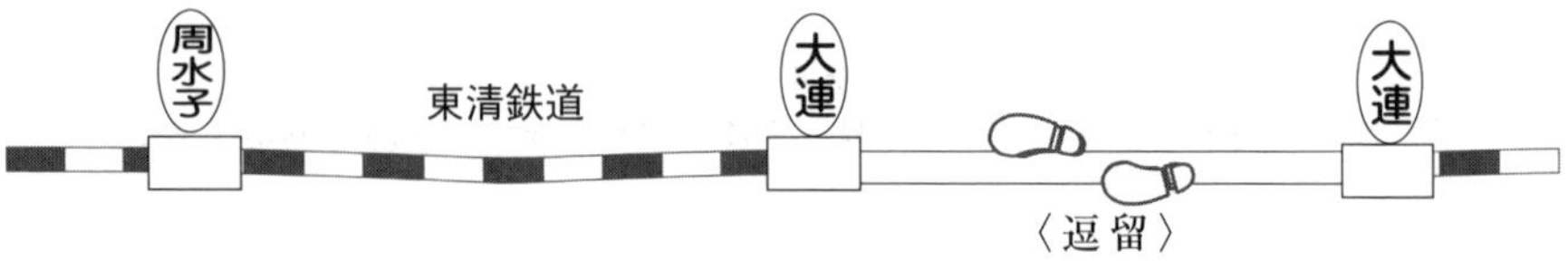

でございました。

大連の市街は露人が立ち退きの際、焼き払ったり、また砲撃を受けたあとなどがありまして、だいぶ壊れたところはございますが、なにしろ一億五千万円もかけてこしらえた市街だそうでございますから、中々立派な建築がたくさん残っております。

日本の官街はみなその建物を使用しているのであります。埠頭には吉野丸、横浜丸、吉林丸などという二千トン以上の汽船が桟橋に横づけになって荷物のあげおろしをしておりました。

東清鉄道の我が国の有に帰したる昌図から大連までは三百三十哩、ハルピンより大連までのすべての建築費にロシアの費やした総額は二十億万円だそうであります。

東洋第一の煙突を有する電燈会社もあります。船渠には軍艦が入って修繕しておりました。かたわらに広い空き地がありまして、池のように水が溜まっておりましたが、ここもやがては船渠にする*つもりだそうであります。

＊船渠にする

ロシア帝国は「旅順大連（湾）租借に関する条約」（一八九八）により、清より大連を租借。ロシア帝国・清国軍艦の特別設備を除き、港の一部が外国貿易の開港場とされた。日露戦争時には日本が大連を兵站基地として使用。旅順と大連をめぐって熾烈な戦いが繰り広げられた。一九〇五（明治三八）年、ポーツマス条約により大連が日本の租借地（関東州）となったが、この時までに第二埠頭・甲埠頭が完成し、第二埠頭には東清鉄道の線路が敷設されていた。

＊大連軍用倉庫

一九〇四（明治三七）年七月初め、野戦経理長官外松孫太郎は、満洲軍への給養を確実にするため、「糧秣倉庫約四十万坪」の設置を計画した。安東県から鳳凰城の間に約六万坪、大連に約五万坪、そして営口、遼陽、鉄嶺に計約一〇万坪の倉庫を置き、その他、既存の建造物約九万坪を活用する企図だった。

一日大連軍用倉庫長*日匹少将*に招かれて兵士の催しにかかる芝居を見物いたしました。毛谷村六助と三番叟をいたしましたが、なかなか上手で玄人も跣《はだし》というくらいでございます。

十一、十二両日をこの地に暮して、十三日に出発。旅順へ向かいました。旅順までは二時間かかりました。汽車が通ると近傍の家の子どもがみな飛びだして参りまして万歳万歳と申して汽車について走りますから窓から梨子や菓子など投げてやると我勝ちに拾います様子が、誠に憫に感じました。

◇旅順・旅順陳列場へ

水師営*まで参りますと、椅子山、二百三高地などの頂が見えました。

長嶺子駅をすぎると、戦死者の墓がたくさんございましたから、よそながら礼拝して、よく見ますると、墓前には皆砲弾が供えてありました。旅順ホテルに着きましたのは昼頃でございました。器物

八月一日、「満洲軍倉庫」の編成が発令された。大本営陸軍部参謀総長兼兵站総監の山県有朋は、五日、倉庫長日匹信亮に対し、大連に本倉庫を設置するとともに柳樹屯に倉庫出張所を開設すること等六項目につき訓令した。（菅野直樹「日露戦争時の戦地陸軍建築部」『防衛研究所紀要』第20巻第二号（二〇一八年三月）。

＊日匹少将　日疋信亮《ひびきのぶすけ》。一九一一（明治四四）年六月一五日主計監。明治三七年七月五日第四軍歩兵站経理部長。明治三九年二月二七日第六師団経理部長。

＊水師営

一九〇五（明治三八）年一月一五日、旅順軍港攻防戦の停戦条約が締結された時、日本側の第三軍司令官乃木希典大将とロシア側代表の旅順要塞司令官アナトーリイ・ステッセリ中将とが会見した場所。

日本軍の投入兵力は延べ一三万人、死傷者は約六万人。

旅順要塞概見図

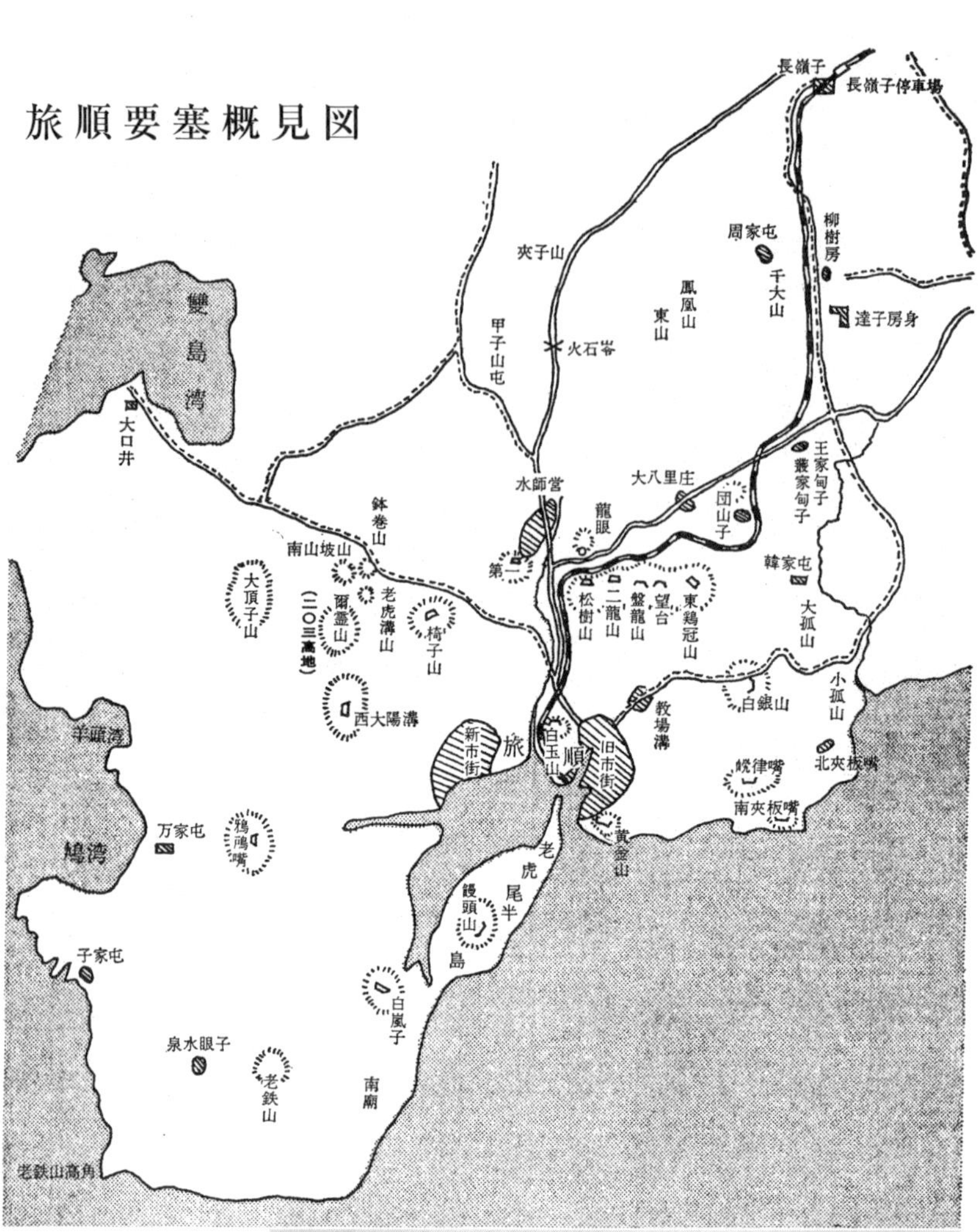

二龍山の外壁

出典：『日本地理大系　満州及南洋篇』改造社　1930（昭和5）年

二〇三高地と（上）
二〇三高地記念碑（中）
大案子砲台（下）

出典：『日本地理大系　満州及南洋篇』改造社　1930（昭和5）年

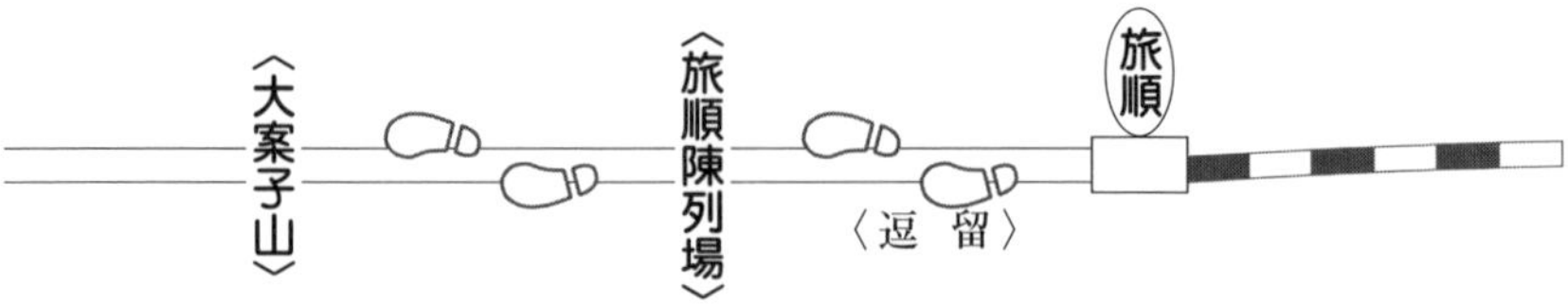

は皆ロシア物で料理もロシア風で口にあいません。のみならずよい部屋は皆塞がっておりましたから、午後、蓬莱館というに引き移りました。これは元仏蘭西人が建てたもので、洋館に畳を敷いてストーブもつけてありました。

陳列場の砲台の模型を見て、それから実物を見るとよくわかると宿の主人の勧むるままに、要塞司令部*の許可を得て、旅順陳列場へ参りました。砲車の輪を半円形にもちいて欄干にした橋を渡りますると、露兵が防材にもちいたもので造った門があります。向って左側は鹿砦、右側は鉄条網、狼穽《ろうぜい》*、具釘板*、塹壕などでできております。

門を入りますと両側に分捕大砲また敵が我を欺きました偽砲を据えつけてあります。なかには、各砲台の戦争前のと戦争後破壊したのとの模型があって各詳細な説明がつけてありました。このほか彼我戦争の油絵記念品など、たくさんに陳列してありました。

この建物にも我砲弾が命中せしよしにて、天井に大きな穴の明き

*要塞司令部
平時は官衙（役所）であり、師団長に隷属する。軍隊である師団には含まれない。

*狼穽
連続した落とし穴。

*具釘板
五寸釘を打ちつけた板

〈穹窖〉
〈逗留〉

たるまま保存してありました。別室にて大山満洲軍総司令官*に賜りたる勅語皇太子殿下の御令旨の額が掲げてありました。

十時から各砲台に案内せらるる約束があるので、急いで帰りました。岡本少尉のご案内でまずは大案子山に参りました。ここは開城当時まで我が砲力のおよばざりしところとて、少しの損じもございません。山を上って参りますと、まず鉄条網が見えました。猶上りまして漸く穹窖に達しました。このコンクリートの厚さは三尺余、アーチ形の入り口があって中へ入ってみますと、巾一丈ほどあって高さは一丈、左右の長さは、ちょっとわかりません。壕の巾は三間半深さは三間もございますやら、大砲の据えつけあるところは、また一段高いところで、板を渡して上り下りの道としてあります。そのかたちをちょっと絵にかくと次のようであります。

【絵は欠けている】

*大山満洲軍総司令官
大山巌（おおやま いわお、一八四二（天保一三）～一九一六（大正五）年。日清戦争時は第二軍司令官。日露戦争では満洲軍総司令官。

*二百三高地
一九〇四（明治三七）年十二月四日　第三軍司令官乃木希典大将の命令で、第七師団は、五日、二百三高地西南部嶺頂に向って突撃を決行。日本軍は旅順港を完全制圧するが、この後も戦いは続き、最終的には一九〇五（明治三八）年二月二一日から三月一〇日にかけて行われた奉天会戦でロシア軍が一万余人の残存兵力を残して降伏。

二百三高地攻略を含む旅順攻囲戦での戦死者は、日本軍が約一万五四〇〇人、ロシア軍が約一万六〇〇〇人。

〈椅子山〉　〈赤坂山〉　〈逗　留〉　〈二百三高地〉

◇二百三高地*に登る

山の上には大砲が二門すえてありました。それから下りて、椅子山、赤坂山のかたわらを過ぎて、二百三高地に上りました。

二百三高地攻撃に我が軍のついやした砲丸の量は二千トンだということであります。乃木大将*は、その詩をもって爾霊山《にれいさん》*と賦せられ、第一師団長*は鉄血山と名づくることの適当なることを語られましたが、日露両国民の永劫忘れることのできぬ旅順要塞の死命を制したる二百三高地。幾多のわが忠勇なる猛士を埋没せしめたのであります。

地上には血と脂とのにじみ出て、さながら石油でも流したようで、踏むさえ気味わるく思ひつつ上って参りましたところが、雨風にさらされたる骨のあまた石に交じりてころがりおるに、黒き羅紗服を着けたるままの片足、また靴の飛んでいる片つ方には靴下つけたる膝より下の片足ころがりおりたり。連なる人、杖もて試しにこれを推しくれば、紅の色したる肉片がぐしゃぐしゃとでたのには一同顔をそむけました。

*乃木大将
乃木希典（のぎ まれすけ）
日清戦争に歩兵第一旅団長として従軍し、旅順を占領。日露戦争では第三軍司令官に着任。一九〇四（明治三七）年一一月二七日、乃木の率いる二個師団が二〇三高地への総攻撃を開始し、一二月六日にこれを占領。

*爾霊山
二百三高地のこと。日露戦争時に乃木希典が命名。

*第一師団長
松村 務本（まつむら かねもと）
一八五三年二月五日（嘉永五年一二月二七日）－一九〇五（明治三八）年二月四日。
陸軍中将。伏見宮貞愛親王の後任として第一師団長に就任。旅順攻囲戦ののちに倒れ、二月、遼陽で戦病死。

大連市街

營　口

山 海 関

敵か味方かわかりませねど同じく国家のために一命をささげた勇士の果かと思いますると、思わず涙がこぼれました。実に凄惨の気膚に迫る心地が致しまして、久しく止まることができませんでした。

これは支那人が探しものをして、堀りだしたのをそのままにして行ったのか、さもなくば、風雨のために山が崩れて、埋めてあったのが出たのだろうということであります。

ほんに山の上からは、市街港内諸砲台までよく見えました。

◇東鶏冠山　北鶏冠山へ

昼頃一旦宿に帰って食事をすませ、午後から東鶏冠山*に参りました。およそ一時間ほどでつきました。二頭立ての馬車を下りて山に上ることが二十町ほどで砲台に達しました。ここは満山爆発されたコンクリート（ベトン）*が飛び散って、まるで河原のようであります。

山の上の大砲は破壊されて、五十間も遠くへ飛んでしまって、砲

*東鶏冠山
ロシア軍はここに防御線「東鶏冠山堡塁」を建造。堅牢な施設で、八月二一日、日本軍は攻撃したが攻め落とせず、坑道爆破作戦により堡塁に接近。土砂に覆われた側防窖室からの近接攻撃により、大損害を受けた。その後、数度に渡って坑道を掘り、堡塁の爆破を試みた。一二月十五日にロシア軍の陸軍防御司令官コントラチェンコ少将が砲撃爆死。一二月一八日、東鶏冠北堡塁を占領した。この堡塁を突破するために日本軍は約八、〇〇〇人の死者を出した。

*ベトン
フランス語でコンクリートのこと。

万里長城

北京唱摩寺

北京大成門

〈北鶏冠山〉〈逗留〉

〈二龍山〉

台のあとかたも見えません。二畳敷くらいの大きさのコンクリートに黄色の火薬が付着したのが、数十間遠くへ飛んでいるのもあります。ここでは三百名程の敵兵が、爆発の際、埋まったそうです。

それから北鶏冠山*へ参りました。ここは鮫島中将*が自ら陣頭に立って偵察し、穹窖内にて敵味方が乱軍になって奮戦したところとて、壁には蜂の巣のように銃丸の穴が明ておりました。

◇二龍山　ロシア兵の埋まった

次に二龍山*へ参りました。山上は焼原のようで、何もありません。大砲は飛で半分埋まれあって砲座ばかり残っておりました。崖をつたって壕のなかへ下りて見ますと、入口は爆発されて崩れ塞がって、穹窖の一部分無事のところがあって、一尺くらいの窓が五つ六つあって、それには鉄板の戸があって、閉じて居るのもあいているのもあります。あいている窓からは、えもいわれぬ臭気がでて参ります。思ふに、爆発の際埋まった露兵のそれであろうと思うと、実に

＊北鶏冠山
東鶏冠山の北堡塁跡に隣接している。

＊鮫島中将
鮫島重雄（さめじま　しげお）
一九〇四（明治三七）年一二月一日、第一一師団長。〇六（明治三九）年七月六日、第一四師団長。一一（明治四四）年九月六日、後備。

＊二龍山
松樹山、東鶏冠北堡塁とともに旅順の三永久堡塁と呼ばれた。
一九〇四（明治三七）年一二月二八日日本軍によって地下から爆破され、守備兵三〇〇人のうち約半数が生き埋めになった。

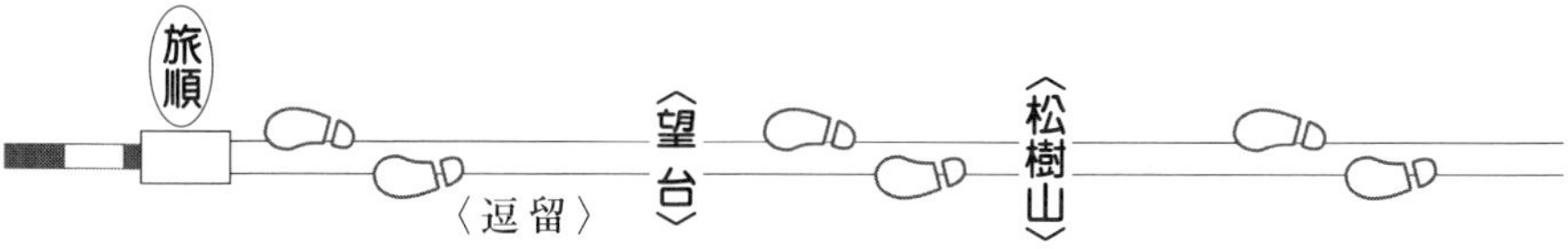

気持悪くも、また敵ながらも哀に感じました。途中で露兵の方匙*や水筒などを記念として拾ひました。

◇松樹山*、望台

それから松樹山に参りました。この砲台は破損したれど、とにかく形は存しておりました。次に望台*へ参りました。これは諸砲台中最高のところで、この上から見ますと松樹山などは、まるで平地のように見えました。朝より沢山の山に上って、足も疲れ其上、日も夕暮にはなりましたが、ここまで来て登らぬも残念と、非常の勇気を出してやっとのことで望台に登りました。

大砲二門、もとの位置にはございますが、そばへ寄って見ますと、一門は砲身が半より折れていずれへか飛び失せ、一門は掩蓋の鉄板に砲弾の打ち貫いた穴が明いてました。

谷あいにはロシア人の住みたる家が所々に見えました。宿に帰りましたときは、まったく夜に入りました*。

*方匙
スコップのこと

*松樹山
第一師団による松樹山堡塁への攻撃が始まり、ロシア軍守備兵二〇八人のうち坑道爆破で半数が死亡した。ロシア軍の生存者は一〇三人。第一師団の戦死は一八人、負傷は一六九人。

*望台
要塞の主防御線はコンクリートで周囲を固めた半永久堡塁八個を中心に、堡塁九個、永久砲台六個、角面堡四個とそれを繋ぐ塹壕からなる。あらゆる方角からの攻撃に備え、第二防衛線内の最も高台である望台には砲台を造り、支援砲撃を行った。

*十四日同行の夫吉兵衛が風呂場で倒れたが、打ち身をしただけだったので、半日ほど休む。

鉄嶺ステーション

二百三高地

二百三高地に
残された屍骨

営口港に停泊するジャンク

営口の街

出典：『日本地理大系　満州及南洋篇』改造社　1930（昭和5）年

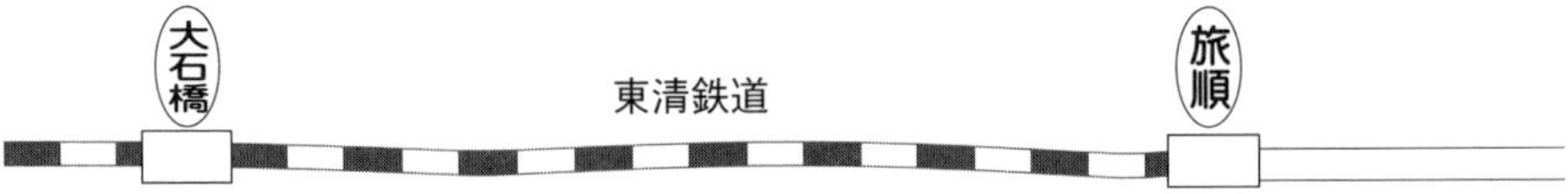

◇遼河を渡る

十六日午後四時二十分　旅順を立ちまして、大石橋*で乗りかえ、五十分間ほどで遼河の岸に達しましたのは、十七日の午前九時でありました。遼河の岸には数限りなきジャンクがつないであります。

翌十八日、軍政署*から馬車を借りまして、牛家屯へ参りました。途中は一里半ほどでありますけれど案内として護衛兵をつけられましたところが、行き逢う支那兵が馬車に向って敬礼を致しましたのは、誠におかしゅうございました。ここで厳氏と范氏とに別れました。

大石橋から仙波（太郎）*少将と同乗して参りましたので、営口の軍政署から　少将を迎にだした小蒸汽に同乗して渡りましたところが、誤ってジャンクに衝突致しました。それがため、ボーイ一人は頭に重傷を負い、一人は顔に軽傷を負ひました。ジャンクの檣が、此方の烟突に倒れかかりましてジャンクの帆や綱が烟突に巻きつい

*大石橋
現在の中国遼寧省、哈大線（ハルビン—大連間、旧東清鉄道支線）沿いの町。日露戦争では、この町とその附近で戦闘が行われた（大石橋の戦い）。

*軍政署
満州内地の日本の軍政機関。日露戦争開戦後の一九〇四（明治三七）年四月、大本営で軍政委員の任命があり、満州の各軍司令官の下に軍政署が設置された。同年九月に遼東守備軍が編成されると、軍政長官の下に遼陽以南の各軍政署が統轄された。一九〇五年五月、占領地民政署と改められた。

*仙波(太郎)（せんば たろう）少将
一九〇五（明治三八）年六月二五日、歩三一旅団長。〇六（明治三九）年、歩兵団長。同年八月九日、留守一二師団長。

てしまって、急にとり放すことができませんから、そのまま曳いて参りまして、向う岸に着きまして後、やっとこれを切り放しました。じつに危ういことで、一同命拾いを致しました。

金城館というに泊りました。

十九日午前七時半、営口《ママ》＊を立ちまして山海関に向い、午後六時に着きました。翌朝四時頃に起きて万里の長城を見に参りました。これはもと匈奴の侵入を防ぐために、秦の始皇帝三十三年（我紀元四百四十七年）に修築されたもので、東は山海関から起って西は甘粛省の嘉峪関に達して長さが八百里、即地球の周囲の十二分の一あります。高さは十五尺ないし三十尺厚さは敷が二十五尺頂上が十五尺、山を越え谷を渡り堅牢なる煉瓦石で築き、六十間ごとに保塞を備えてありますが、只今では、ただ塞の内外に出入する商品の検閲を行い、課税の関をするにすぎません。

＊営口を立ちまして
宇野子の着いた向岸は営口ではなく河北。河北線の出発駅

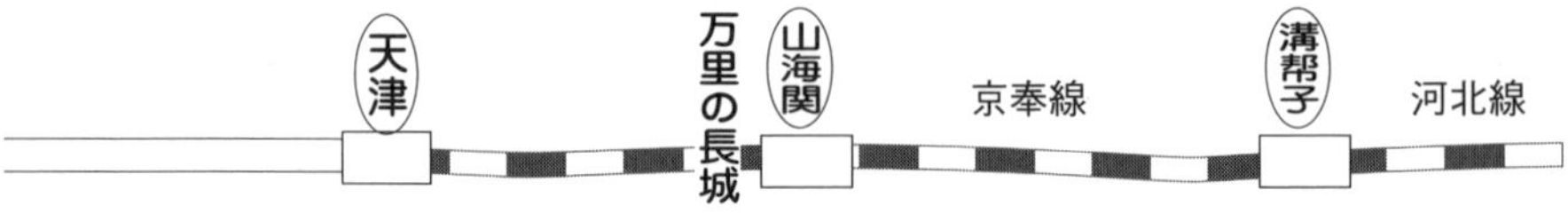

◇天津

廿日午前八時十五分ここを立ちまして、天津に着きましたのは午後三時二十六分であります。太沽より天津迄の間は、広い広い塩田になっております。その間、ところどころ楊柳が見えるばかりで、他の木はありません。

天津では芙蓉館に泊りました。すぐに電話で着を厳氏*に知らせましたところが、すぐに訪ねて参りまして、明日の昼餐に招待されました。

翌日、約束に従って同氏を訪問してその家庭学校を見せて貰ひました。同氏の伯母が監督して日本婦人の大野氏*がもっぱら授業を担当しておられます。厳氏の父君は、北京の学務次官で家庭も至極開化したる方で、食事なども西洋風にテーブルに白布を掛け、果物、菓子などの盛物をし、支那料理をめいめいの皿に盛りて、ナイフとフォークとをつけ、盃などはやはり支那のもので、ちょうど支洋折衷の設けでございました。

＊厳氏

厳智崇

女学堂総理。父親は厳修

一八六〇（石延元）年―一九二九（昭和四）年。厳修は一九〇二（明治三五）年一一月来日。教育制度などを調査、女子高等師範学校などを参観。帰国後、自宅を実験場、家塾とし女子学堂の創立準備にとりかかり、厳氏女塾を創立した。天津「女学振興の起点」と称されている。

（孫長亮「清末中国における日本女子教育受容の研究」岡山大学大学院　博士論文　令和元年九月）

＊大野氏

（おおの　すずこ）

厳氏の父親厳修は、特に日本から大野鈴子を招聘。大野は保母講習所と蒙養院の授業を担当。保育法、音楽、ピアノ、体操、遊戯、手工などの科目を担当。蒙養院で大野は半日授業し、残りの半日は

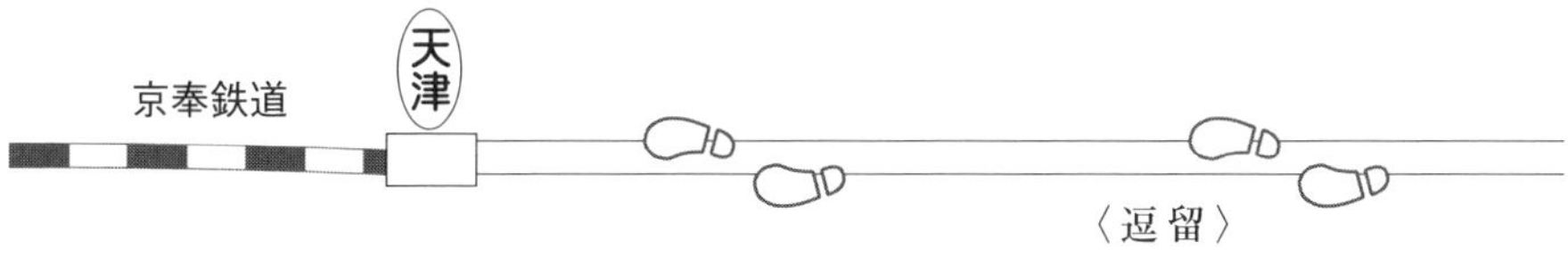

当地には学校はたくさんあるそうですけれども、いちいち参観する暇がありませんから、厳氏の案内で模範学校ばかり見に参りました。校舎は煉瓦造りで三棟ほどあって、校長教員は校内に住っております。教員も生徒も同様なねずみ小倉*の制服に、麦わら帽子をかぶり、体操をしておりました。

他の教室を見ましたところが、英語、図画などしておりました。標本室、理科室なども見受けました。また天津考工廠と実習工場とを参観いたしました。刺繍、陶器、機織、石鹸など製造しております。一方で、販売しても居りました。紫竹林の居住地は実に立派なものでありました。

李鴻章《りこうしょう》の廟は、実に立派な建築で、門内には高さ二間、巾三、四尺の石碑が左右に五つずつ建ててありまして、右の方のはまだ盛に石工が文字を彫って居りました。堂の正面に「中興柱」という勅額が掲げてありました。

受講生の実習を指導した。大野は最初に自分でピアノを弾いて手本を見せ、唱歌や遊びを教え、その後、受講生がそれを子どもに教えるのを、大野はそばで指導するという方法をとった。

保母講習所から卒業した者の多くは、厳氏蒙養院、天津河北蒙養院、京師第一蒙養院、私立朝陽蒙養院及び厳氏女学、官立第一・第五小学堂で教職に就いた。（前掲孫論文）

＊ねずみ小倉

ねずみ色の小倉織の帯やはかまのこと。

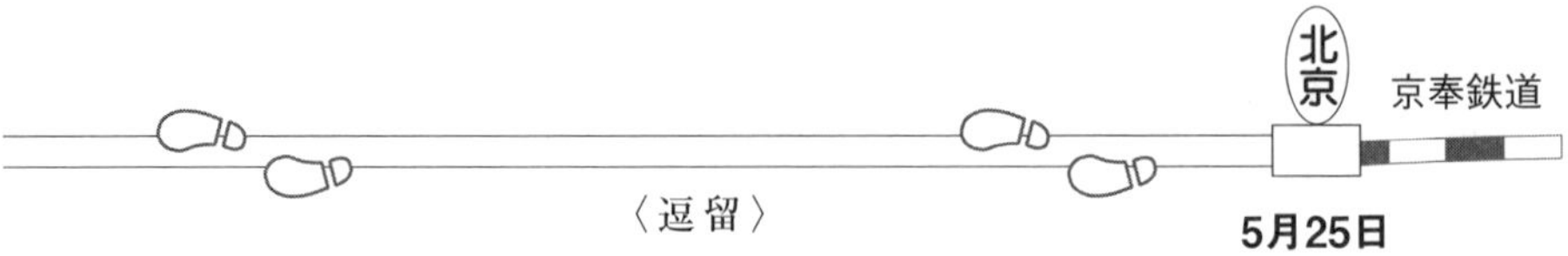

5月25日

◇北京

甘五日午後三時半発車、六時四十八分北京に着きまして扶桑館といふに泊りました。この日は瑠璃廠*へ行って古器物を求めました。

北京は一に燕京と申しまして、周の世、燕の国の首府でありましたが、後遼、金、元、明歴代の都となりました。廓内を内外二城に分けまして、内城の内に皇城があって、皇城の内に大内があります。皇城の中には北に景山、西に西苑がありまして、庭園が立派で、西苑のなかに大液池があります。

　我が公使館は内城の正陽門の内にあります。

　頤和園*を拝観したいと思うて、公使館へ問い合せましたところが、折悪しく西太后*が行啓になりおれば、とても拝観はできぬから、玉泉山に参って　よそながら見たならばとのことに、翌朝、馬車を駆って玉泉山へ参りました。ここは喇嘛寺*で元や明の遺物があります。七層塔はすなわち明の代の建築だそうで、境内には大きな池があって清い泉がコボコボと涌いております。玉泉山という名は、蓋《けだ》

＊瑠璃廠
明朝代から続く書画、骨董、文具の街。

＊頤和園《いわえん》
西太后の避暑地。

＊西太后
満州族。姓はエホナラ（葉赫那拉）。清の咸豊帝の側妃で、同治帝の母。頤和園は隠居後の居所とするため清漪園の再建を行ったが、その造営は国庫を圧迫するものであった。庭園はのちに頤和園と改称、離宮とされた。

＊喇嘛寺
チベット仏教の寺。

しこれから起ったのでありましょう。

塔の立っている山の上に登ってみますれば、万寿山は足のもとに見えます。実に規模の宏大な結構の荘厳なことは、ほかでは見られない様で、宮殿楼閣は山の上にも下にもたくさんにありまして、廻廊をもって其間を通して、黄い瓦に丹朱の柱など側で見ましたらどのように美しかろうと思われました。

昆明湖の水は、波静かに中島には青々と樹木が茂って、真白な大理石の橋のかかりおるなど、なんともいわれぬ風情がございました。園の周囲は半町ごとに当番兵が立っておりまして、警衛は厳重です。

帰り路に鐘楼と鼓楼とを見ました。これらは宮城の後の方の市のなかほどにありまして、石垣を積み上げてその上に建っております。鼓楼の上に上って見ましたら極彩色をほどこした大きな太鼓がすえてございまして、これを打って時を報ずるのだそうです。宮城の内にある景山は、この上からよく見えました。茂っている木の間から丹い青い極彩色の亭が画のように見えました。宮城のめぐりを見物して宿にかへりました。

二十八日は朝、木村よし子氏*を訪ねまして、その案内で喇嘛教の雍和《ようわ》宮《きゅう》*を見ました。一体北京にては、尼さんのいるのを庵といひ、道士のいるのを観といひ、和尚のいるのを寺といひ、喇嘛のいるのを廟といひまして、喇嘛僧は大概、相見や卜筮《ぼくぜい》*や念教をもって生計を立て、和尚は寺院の前を商人に貸したり、または念経をもって信徒からお布施を貰ひますが、相見、卜筮の二つは決してしない規則になっております。道士は念経と卜筮により、尼はひとえに念経によって生活しておりまして、日本のような檀家はいずれももっておりませぬ。

雍和宮と申しますのは、雍正帝がまだ御位にお上りにならぬ前に喇嘛教に帰依されたので、御即位のあとに御殿をここに賜わったのでであります。宮は東閣、西閣の二つに分たれております。この宮の屋根の瓦は黄色でございます。黄色の瓦は皇宮または皇族の寺院に限るので、ここも勅許の寺院である証こであります。

*木村よし子氏
木村芳子。一九〇五（明治三八）年から同和女学堂に勤務。担当科目は日本語、算数。華族学校を参考にして管理。さらに、叔範女学堂で勤務した。宇野子はこの時参観している。

*雍和宮
北京最大のチベット仏教寺。

*卜筮
ぜい竹を使う占い。

それから孔子の廟に詣でまして、帰りに同氏の監督しておられる淑範女学校へ参りまして、日本の唱歌を聞いて帰りました。午後から服部氏の監督しておられる女学校へ参りまして、生徒の成績品などもらいましたが、なかなかよくできております。数学は加減乗除を致しておりました。また日本語の会話や唱歌など聞きました。

それから服部夫人*の御案内で載澤殿下*の妃殿下に謁見いたしましたが、じつに交際に慣れておられまして、御自身、椅子をすすめられ、いろいろと御物語がございまして、また、ご馳走を賜はりまして、ゆるゆる遊び参るようにとの御意ではございましたが、主人も宿に待っておりますし気がせきましたから、そこそこにお暇乞いをして、帰りましたのはかれこれ六時前でございました。

また、それかれ皆みな連れ立ちまして、天壇《てんだん》へ参りました。これは外城の永定門の内にございまして、周囲が六十町ばかりはございます。内に大理石で三層の台ができておりまして、またその上に三層楼が建っておりまして、祈年殿の額がかかげてございます。この

＊服部夫人
　服部繁子（一八七二（明治五）〜一九五二（昭和二七））下田歌子の弟子。歌人。主著『清国家庭及び学堂用家政学』（冨山房一九〇八年）。夫服部宇之吉は一九〇二（明治三四）年、明治政府の派遣で中国における最高学府の京師大学堂師範館（現北京師範大学）の総教習の職についた。繁子も夫に随行。豫教女学校が開校されると、学堂章程の起草教習の招聘と採用、科目設置及び授業内容などの責任をもった

＊載澤殿下
　愛新覚羅載澤。

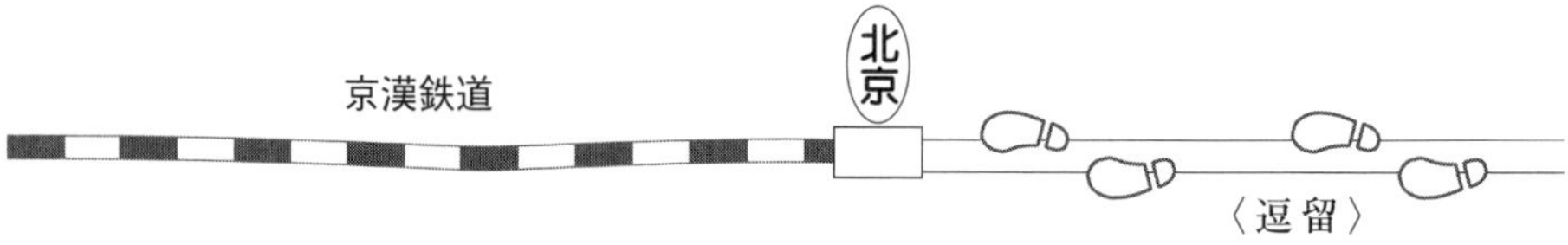

石だんの真ん中の道には、雲龍鳳凰を浮き彫りにしてありまして、皇帝陛下のほかは通されませぬ。陛下には、毎年一回行幸になるという話です。

八時頃、宿に帰りまして、大急ぎでしたくをいたしまして、九時三十分発の京漢鉄道*に乗って漢口へ向ひました。

◇黄河を渡る

京漢鉄道は総哩は八百哩ございまして、直行三十六時間かかります。この直行は漸く一ケ月ほど前に開通し、毎週月曜一回なので、幸いにこれに乗ることができました。

二十九日の午後四時半頃、黄河の鉄橋を渡りました。長さはおおよそ五十町ばかりありました。黄河は支那北方にある大河でございますから、単に河と称へております。源を中崑崙のバヤンカラ山脈の北東バルガンブーダ山脈の高地に発しまして、上流を阿爾坦河と申し、直隷湾*に入りますが、長さは一千三百里ございます。いわ

＊京漢鉄道
イギリス仕様の標準軌道。

＊直隷湾
渤海のこと。

ゆる黄土の堆積層でなっている地方を流れて参りますから、水は黄泥色に濁っております。黄河は洪水氾濫によって河床の変更が非常に大きくて、非常に頻繁で、沿岸地方に大害をおよぼすことは非常なものであります。

この付近には、棗ができているほかには楊柳が少々あるばかりで、ほかの樹木は見えません。また、この辺の一部人民は小高い山の横手に地層を穿って穴居いたしております。入口は高さ一間、巾三尺くらいございまして、人が出たり入ったりしておりました。また、汽車を非常に珍らしがって、停車いたしますると、すぐに四、五十人もわいわい云って集って参りまして、誠にうるそうございました。

汽車の窓から見ますると、今年は旱魃だと見えまして、麦畑はからからになって麦が皆枯れておりました。

一日二夜をこの汽車中に明し暮しまして、三十日午前九時に漢口に着きました。

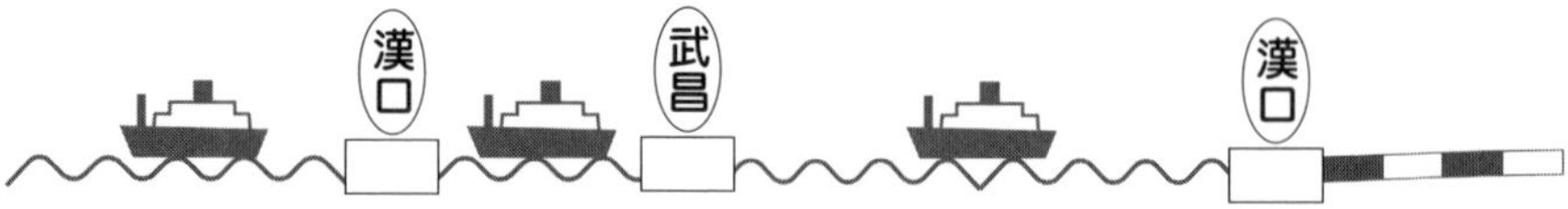

◇漢口

漢口は、漢江の揚子江に流入するところにございまして、支那内地商業の中心になっている土地でございます。松島屋という日本旅館に泊まりました。外国人の居留地*はなかなか立派で英国人や白耳義人*など、もっとも勢力をはっております。日本の居留地は、目下整理中ではございます。この辺りの民家はまるで鴨長明の方丈の庵のように、屋根も壁も竹やアンペラ様のものでできていて、引越しをするときには家ごとたたんで、もって参ります。

丗一日の朝、三井物産会社の小蒸汽船を借りて向岸の武昌へ見学に参りました。武昌は湖広総督張之洞氏*のおられるところであります。銅貨幣局で銅貨の製造を見まして、それから紡績会社へ参るはずでしたが、あまりにも暑うございましたから、紡績会社の方はやめにして公園の茶亭に休みました。

武昌の町を見渡しておりますと、一人の米国人が支那人の通訳を

*外国人の居留地
イギリス人英租界は一八六一（文久元年）年に設立され、面積は一八万九〇〇〇坪。各国租界の中でも最も枢要な地点を占めており、金融、貿易の諸機関が集まっている。日本租界は一八九八（明治三一）年設立（面積は三万四〇〇〇坪）。

*白耳義人
ベルギー人

*武昌の張之洞氏　洋務派官僚。一八三七（天保八）年生まれ。一八八〇（明治一三）年に山西巡撫に就く。その後、両広総督、湖広総督と昇進、主に武漢を拠点として富国強兵、殖産興業に努めた。一八八八年広東に織布局を創設。翌年、武昌に移り、「湖北織布局」を設立した。設備は英国から購入。三万枚の紡錘、一〇〇〇台の織機、二千五百人の職員を擁した。（李廷江「日本軍事顧問と張之洞

北京孔子廟

同上

天壇、立てるは夫人

一八九八～一九〇七」亜細亜大学アジア研究所『アジア研究所紀要』第二九号、二〇〇二年）

連れて参りましたから、見ると年は七十くらいででもありましょう。私らを見て話しますには、私は徳川幕府の末年、日本へ行ったことがあるが、今一度、戦勝後の日本が見たさに出かけてきた途中、ちょっと支那へ寄ったのであると申して、上野や向嶋の花のことなど尋ねましたから近年のありさまなど話しまして、一緒に記念のため写真を写して　またの再会を約束して別れ、漢口へ帰りましたのは午後二時頃でございました。

◇揚子江を下る

その夜、大坂商船会社の汽船大福丸*に乗りまして、揚子江を下り上海へ向いました。揚子江は亜細亜第一の大河でございまして、支那人はたんに江といい、また長江、または大江と申します。源をバヤンカラ山脈の雪山に発しまして、上海に近く海に入ります。長さはおよそ二千四百里。本支流を合せますれば舟楫*を通ずることが五千里に達しまして、舟中に住んで、一生水上生活を営んでいる人

*大福丸
三菱合資 長崎造船所で一八九九(明治三二)年八月に起工され、七月三〇日竣工。一九〇四(明治三七)年一月鎮江上流の長江で炎上、売却されたが、〇五(明治三八)年五月大阪商船が再購入した。宇野子一行は炎上する前の大福丸に乗っている。

*舟楫
ふねとかじ。水運の意

北京玉泉山の塔

上海愚園

上海公園

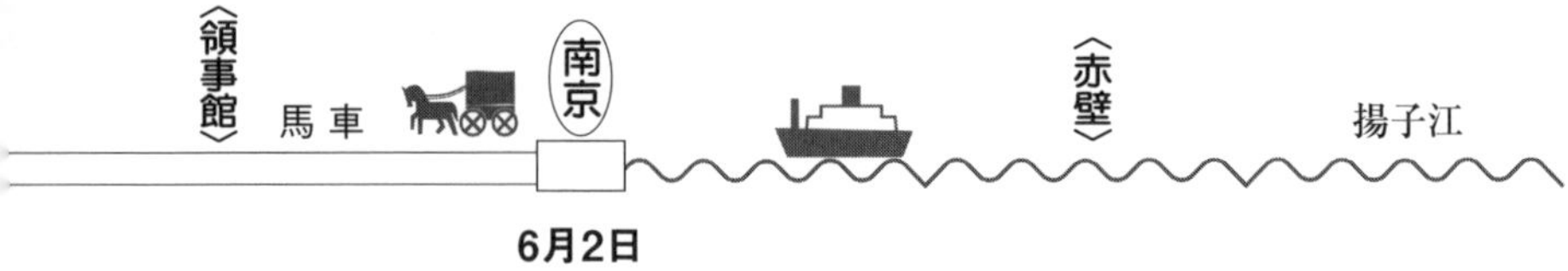

口が数百万人はございます。

この夜は、あやにく雨降りてそとの景色もなにも見えませんから、すぐに寝てしまひましたが、翌朝ききますと、夜中の二時頃にちょうど赤壁のところを通ったのだそうです。古戦場ではありますし、東坡の「赤壁の賦*」などで、かねがねをかしく、ぜひ見たいと思っておりましたのに、誠に残念でございました。

翌晩はよい月で、それに波はございませんし、まるで納涼船のようでございました。九江*は支那第一の陶器の産地で、船が着きますとたくさんに船のなかへ売りに参ります。

二日午前十一時に南京に着きました。今は江甯*と申して、明には應天府と称し、俗に金陵ともいうそうです。

洋風館と申すに泊りました。ここから領事館*までは四里ほどございますが、人道車道をわけて楊柳など植えて立派な道路でございます。

領事館へ参りまして、神戸の川崎氏に逢ひました。領事のお世話

*「赤壁の賦」
宋の詩人、蘇東坡がうたった韻文。曹操の軍と孫権・劉備の連合軍とが戦った戦場。

*九江
三国時代は、魏との「赤壁の戦い」の前線基地だった。
長江の重要河港の一つ。商業都市。景徳鎮で製作される陶器の集散市場。一般には九江焼と言われるほど陶器とは縁が深い。

*江甯
江寧のこと。

*領事館
一八九九（明治三二）年五月、南京に海関（海外との貿易の関税徴収機関）が設置されて貿易の急拡大が見込まれた。両江総督衙門（がもん・役所）の所在地でもあることから、一九〇一（明治三四）年二月に、上海総領事館の分館が南京に置かれている。これが領事館に昇格したのは一九〇七（明治四〇）年九月二八日。宇野

で輿をやとって明の孝陵*へ参りました。陵域にかかりますと人やら動物やらの石造の大きなのがところどころに立っておりますが、これは左右へ各一里あまりも並んでいるそうです。明の祭祀が絶えて３００年近くもなりますから、じつに荒涼を極めております。

御陵の後に山があって、どこやら奈良の三笠山に似ております。昔、阿倍の仲麿*が三笠山の歌を詠んだのは、ここだといふ口碑が伝わっております。

三日午前九時大通丸という外国汽船に乗りまして出発いたしました。江上に川崎造船所で製造した清国軍艦が浮んでおりましたのは、なんとなく嬉しい感がいたしました。

午後四時頃、鎮江へ着きました。揚子江と大運河との会合点であります。ここはたった一時間の碇泊でございますから、有名の金山寺も見に行く暇がなく残念で、遥に塔を望んでおりました。せめて市街の様子ばかりでも見たいと雨をおかして　ちょっと上陸いたしました。

子たちの帰国後である。

*明の孝陵
明の太祖洪武帝朱元璋と后妃の陵墓。南京玄武区にある紫金山の南麓に位置する。

*阿倍の仲麿
「天の原ふりさけみれば春日なる三笠の山に出し月かも」

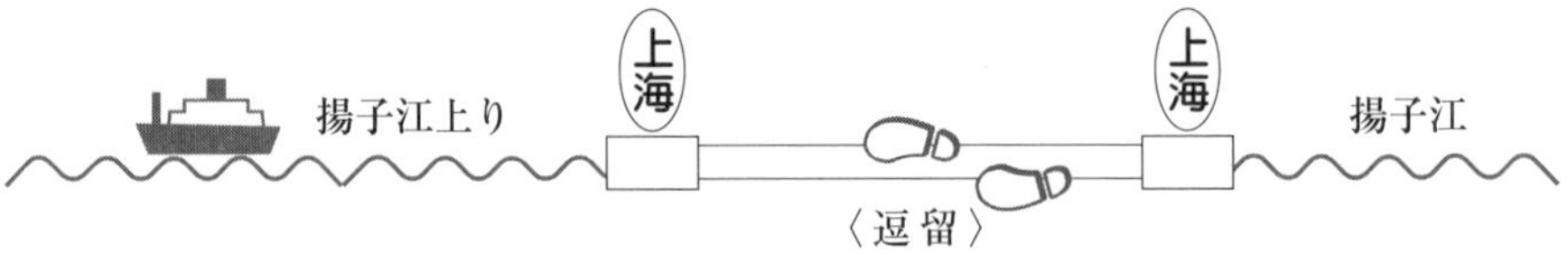

◇**支店があった上海で**

四日午前十一時、上海へ着きました。領事館永瀧領事*、正金*三井*を訪問。

【欄外】五日午後二時、上海婦人会へ出席。領事夫人・林すず子、三菱・田原建子、白須直*、郵船伊東。

五日午後五時、三井物産会社の小蒸汽を借りて、大同汽船会社の汽船に曳かせて、蘇州見物に出かけました。

六日午前十時に着きました。蘇州は古の呉の都で、絹織物と美人の産地で有名でございます。領事御夫婦の御案内にて市中を見物して、それから西園寺へ参りました。

仏殿には備前焼のような色した焼物の五百羅漢がならべてあり、中央には金色の仏像や童子が立っておりますが、少しも荘厳などいうことはなくて、少しの有難味もおこりません。門内に大きな池があって、半畳敷ほどの大きさの鼈スッポンが、黄色に黒の斑のは

＊領事館永瀧領事
永瀧久吉(ながたき きゅうきち)。(一八六七(慶応三)〜一九四二(昭和一七)年。日本の外交官、実業家。一九〇四(明治三七)年に上海総領事に着任。

＊正金
株式会社横浜正金銀行は日本の特殊銀行。正金は通称。一八八〇(明治一三)年設立。通一八九三(明治二六)年五月一五日に上海出張所開設。一九〇一年一月に上海出張所、東京出張所、長崎出張所、天津出張所、支店に昇格。

＊三井
三井物産上海支店。一八七七(明治十年)開設。総合商社として最も早い時期に拠点を構えていた。

＊白須直
蘇州領事、白須直(しらす なお)一九〇三(明治三六)年七月一四日 副領事任命。一九〇六(明

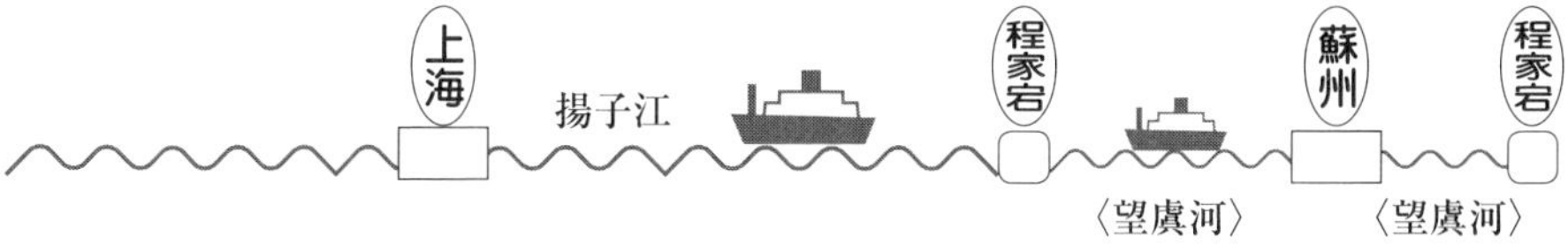

いった背を浮かべてたくさんおります。これは供養のためにみな放生するのだそうです。

それから留園といって、いろいろの奇岩があって風景のいい庭園のある茶亭で休んで寒山寺へ参りました。これは唐詩で名高いお寺ではございますが、本堂は先年焼失して石の柱ばかりが立てておりますれど、草は五尺ばかりも埋めております。幸に鐘楼だけは残っております。仮本堂には子供十人ほど、和尚さんから論語の講義を聞いておりました。かの月落の詩*を刻んであった碑は、近年までありしよしなれど、今はございません。

それから町はずれにある楓橋を見に参りました。石造りの眼鏡橋であります。しばらく橋の上に立って、古の詩の話などして帰りました。

少し行きちがいまして、夜半二時まで出船を待ちましたが、あやにく雷鳴雷光がいたしまして、誠にものすごうございました。

翌日七日十一時頃、上海へ帰り着きました。

治三九）年七月領事に任命。

日清講和条約第六条第一項により、蘇州府に日本の領事官を置くこととなり、一八九六（明治二九）年四月一日に在蘇州領事館が設置された。一九三七（昭和一二）年六月一九日に上海総領事館の分館とあらためられた。

*月落の詩

楓橋夜泊　張継

月落烏啼霜満天
江楓漁火対愁眠
姑蘇城外寒山寺
夜半鐘聲到客船

〔欄外〕七日午後　老介福に○○（欠）買物し、三井物産の山本条太郎*支店長から晩餐に招かる。八日午後、見物　鴨○○○○○（欠）、陶器を買う。郵便会社の招で、林　伊東、田原、弘済丸の船長後藤*
晩餐会に招かれたり劇場へ案内されたり。

◇愚園*

愚園《ユーヤン》は阿片を吸たり茶を喫みに行くところで、庭園は奇石や樹木があって、なかなかいい庭園であります。

九日正午十二時三十分発、弘済丸*で長崎へ向ひました。このたびは海もおだやかであったし、身体も馴たせいか、少しの船酔いもなく、食事もおいしく、愉快でございました。

【欄外】十日午後四時、九州の五島列島が見ゆ。

十一日午前二時、長崎へ着きまして、検疫を終って上陸いたしましたのは午前八時で、上野旅館に一泊して十二日出発、十三日京都

*三井物産の山本条太郎
一八六七（慶応三）年一〇月―一九三六（昭和一一）年三月。
実業家、政治家。一八八一（明治一四）年三井物産入社、一九〇一（明治三四）年、同社上海支店長、宇野子たちと会ったのち帰国、〇六（明治三八）年理事、〇九（明治四二）年三井物産株式組織後は常務取締役。のちに満鉄社長に就任、三五（昭和一〇）年貴族院勅選議員。理事に就任

*愚園
一九〇八（明治四一）年から十一年に実業家愚園が設立。一時一部解体されたが現在は公開。

*弘済丸
弘済丸は一八九七（明治三〇）年八月一七日、必要な場合には日本赤十字社が病院船として使用できるように約款で定め、日本郵船がイギリスの造船会社ロブニッツ

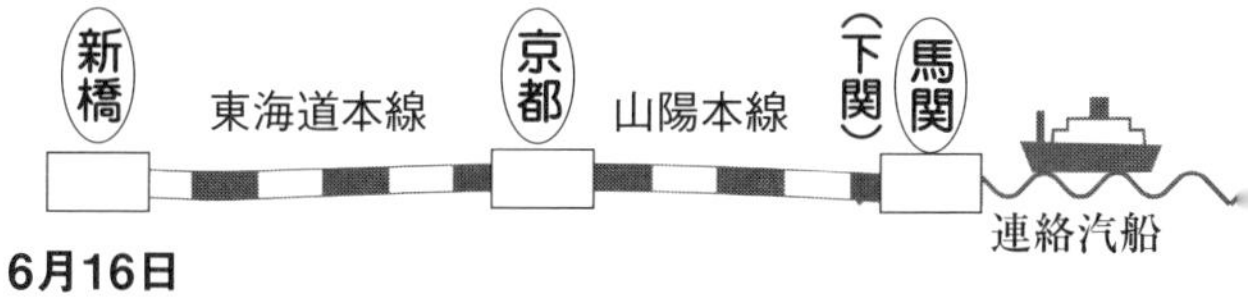

着。十五日夜出立、十六日の午前九時に新橋停車場に着きました。

社に発注した病院船（二五〇〇トン級）である。日露戦争では病院船として活躍していたが、平時のこの時は上海航路に就航していた。（井上忠男『戦争と国際人道法その歴史と赤十字のあゆみ』東信堂二〇一五年）

解説

新たな「帝国の版図」を歩く

内海愛子
奥田豊己

新たな「帝国の版図」を歩く

宇野子が旅に出たのは日露戦争が終結して間もない1906（明治39）年4月である。朝鮮半島、清国での戦闘行為は終結したが、緊張をはらんだこの時期に、なぜ、帝国日本の新たな版図

『宇野花』1916（大正5）年
（『卯の花』という表記もある）

を見て歩こうとしたのか。夫吉兵衛の「新天地」への強い関心からと思われる。明治の「たばこ王」と称された吉兵衛は、一代で日本のたばこ産業の近代化を成し遂げた人物である。その事業を、日露戦争で財政が逼迫した日本政府が「専売」という名目で強制的にとり上げた、つまり国家による独占である。(1)

半生をかけて作りあげた事業から排除された後、吉兵衛が関心を抱いた事業の一つが農場開発である。かねてより米作りに興味を抱いていた吉兵衛は、朝鮮での農場開発の話に関心をもったようだ。たばこ事業の時代から韓国に支店を出し、「ヒーロー」や「サンライス」などを輸出してきたが、今度は農場を作ろうというのである。新たな事業を起こそうとの「野心」もあっただろう。

吉兵衛はこれまでもたばこ葉の仕入れに日本国内を歩きまわっただけでなく、シカゴ万博（１８９３年）に出かけ、たばこ事業の視察を兼ねて60日間もアメリカ国内を歩いてきた。未知の土地に強い関心を抱き、そこで得た新たな知見を事業に活かしてきた吉兵衛は、再出発にあたっても、新たな世界を見て歩こうとしていた。その旅に宇野子が同行したのである。

一行は朝鮮半島東南の釜山港に上陸すると、農場予定地の慶尚南道進永へ移動し、その後は列車で首府漢城（別称京城）を訪問、さらに北上して鴨緑江を渡り清国へ入国している。安東から

1　遠藤湘吉『明治財政と煙草専売』お茶の水書房 1970 年

は軍用軽便鉄道に乗って奉天、鉄嶺まで足をのばし、そこから南下して遼東半島の旅順、大連に赴いている。新たな日本の版図を巡りながら、宇野子は目に入った車窓の風景から日露戦争に関するエピソードなどを細かく書き留めている。

事業構想を抱いて飛びまわる吉兵衛と違って、初めて長旅に出た宇野子は、行く先々の様子を細かく記録しているが、その眼差しは人びとの暮らしにも向けられている。

また、旅程、出発、到着時刻なども書き留めている。記録された駅名や列車運行の様子は、その後の経路変更などで消滅した区間もある。南満洲鉄道以前の一時期に存在した狭軌区間や軍用軽便鉄道などの貴重な乗車記録ともなっている。

漱石の旅

この地域の紀行文では夏目漱石の『満韓ところどころ』がよく知られている。

漱石は、学友の中村是公南満洲鉄道株式会社総裁の招待で、「満韓」の各地を歩いている。その随筆が『満韓ところどころ』である。南満洲鉄道株式会社は、宇野子たちが帰国した5か月後に設立されている。ポーツマス条約（1905（明治38）年11月26日）で、ロシア帝国から東清鉄道南満洲支線（長春～旅順間）の敷設権を獲得した日本が設立した「国策会社」である。

中村総裁の招待に応じた漱石は、１９０９（明治42）年9月2日、新橋発下関行きの寝台列車で大阪へ行き、神戸から日満連絡船鉄嶺丸で、直接、大連に渡っている。市内を見学した後、旅順の戦闘に参加した中尉の案内で古戦場を訪れた。その後、南満洲鉄道で熊岳城《ゆうがくじょう》、営口、奉天へと移動し、撫順の炭鉱を訪れた後、哈爾濱《ハルピン》まで足を運んでいる。

9月26日には安奉線で奉天を発っている。終点安東からは小蒸気で鴨緑江を渡って朝鮮に入ると、平壌、開城、仁川などを歩いたあと、漢城の南大門駅（現ソウル駅）から急行で南下し、10月14日に釜山から連絡船で下関に帰っている。

この間の紀行文が10月21日から『朝日新聞』に掲載されていた。連載は12月30日の撫順炭鉱見学（9月21日）で終わっている。「まだ書く事はあるがもう大晦日だから一先やめる」という。その後の行動は、「満州日日新聞」の記事欄にある。(2)

宇野子の旅

宇野子と吉兵衛は、漱石に先立つこと3年5か月前に馬関（下関）から船で朝鮮へ渡っている。第二次日韓協約が締結（１９０５（明治38）年11月）され、すでに首府漢城（別称京城）には統監府（初代統監伊藤博文）がおかれ、要地には理事庁が開庁していた。鉄道の買収も進んでいた。

2　藤井淑禎編『漱石紀行文集』岩波文庫　2016年

宇野子は釜山に上陸すると、開通したばかりの京釜鉄道（漢城〜釜山・1905（明治38）年11月開通）に乗り、途中の三浪津駅で馬三線に乗り換えている。この馬三線の途中に進永駅があり、駅の北側に農場予定地が広がっていた。

視察後、三浪津に戻った宇野子は漢城に移動し、さらに京仁鉄道、京義鉄道を乗り継いで、朝鮮半島を北上している。

終点の新義州から鴨緑江を渡って清国の安東県に入国すると、そこからは日本の陸軍臨時軍用鉄道監部鉄道大隊が建設した安東〜奉天間の軍用軽便鉄道に乗っての旅である。脱線と「馬賊」の襲撃におびえ、時には念仏を唱えながら、宇野子一行が乗った車両は撫安から奉天手前の遼河木橋梁を通って、奉天駅に入った。軽便鉄道（軌間762ミリメートル）用の軽車両だったので、奉天手前の遼河木橋を通ることができた。のちに改軌が進み車両が重量化すると、木橋梁では重さに耐えられないため、経路を変更して満洲鉄道の路線を利用し蘇家屯経由で満鉄奉天駅に入っている。この木橋梁経路の運行は短期間だったので、この区間を利用した乗客は少ない。

奉天で藤本太郎歩兵第27旅団長を訪ねた後、市内を見物しているが、城外の北陵に向かう時は藤本少将が二名の護衛兵をつけている。

奉天からさらに北へ向かい農産物の集積地鉄嶺まで足をのばして倉庫群を見て歩いている。そこからは南下して遼東半島の大連、旅順に向かい、旅順で二〇三高地はじめ激戦の跡地に足を踏み入れている。

旅順を出て関東州を北上、大石橋を経て営口から遼河を渡ると天津、北京、漢口、南京、上海と、清国の主要都市や名所を訪ね歩き、日本人租界地に足を運び、その活動を見て歩いている。かつて吉兵衛が経営していた合名会社村井兄弟商会の工場があった上海では、横浜正金銀行や三井物産など進出企業を訪ねている。

宇野子はこうした旅程だけでなく、この間に出会った人の名前も書き留めている。その中には、満州視察中の西園寺公望首相の一行もいた。日本の対満洲政策についての実情視察とともに清国側の対日不信を取り除こうと、現職総理大臣がお忍びで旅をしていたのである。夫吉兵衛はその西園寺首相に「ちょっと」ご挨拶に出向いている。

また、日本軍の朝鮮半島、清国への進出、占領に鉄道が大きな役割を果たしているが、その責任者である臨時軍用鉄道監にも面会している。

同行の清国留学生

もう一つ注目されるのは、「たまたま」出会った天津の人厳智宗と湖南の人范源廉である。日本の高等師範学校に留学していたという。

旅の前年の１９０５（明治38）年８月20日、東京では在日留学生を中心に反清革命秘密結社「中国同盟会」（総理：孫文）の結成大会が開かれていた。留学生３００余人が結集した清朝打倒運動である。清朝政府はこの運動の取り締まりを日本政府に要請してきた。

文部省はこの年の11月２日、省令第19号「清国留学生取締規則」（「清国人ヲ入学セシムル公私立学校ニ関スル規程」）を公布している。〈指導〉の名のもとに、留学生の学業や生活の面での統制・管理を行い，革命派の活動や反日運動を封じ込めようとしたのである。反発した留学生の中には，同盟休校あるいは即時帰国を主張して、抗議の帰国をする者も増えていた。同行の２人がこの大会にかかわっていたのか、宇野子は何も書いていない。だが、帰国の時期、後述するようにその後の２人の活動から「中国同盟会」に参加していた留学生と思われる。

吉兵衛は、多くの学校に寄付をし、評議員などもしているので学校関係に知人も多い。留学生のこうした動きは当然、知っていただろう。知人を介しての紹介なのか、あるいは「たまたま」なのか、２人を同道して安全に清国に送り届けたとも推察される。

村井宇野子と吉兵衛――その生い立ちと事業

宇野子との旅に出る前に、その生い立ちと夫吉兵衛の事業について触れておこう。

縁女となる

宇野子は1870（明治3）年10月10日、京都五条橋近くの下京区28組袋町で生まれた。中谷平兵衛の長女である。8歳の時に馬町修道小学校に入学、習字が得意だった。追悼集『卯の花』によると、学校の過程を終えると菅原ゑい子塾に通っていたという。

15歳の時（1885（明治18）年）に、近所の下京区27組茶屋町に住むたばこ商村井吉兵衛（先代吉兵衛後に吉右衛門と改名）の縁女となっている。縁女というのは、旧民法施行（明治31年）以前にあった制度で、幼い少女を、将来、息子の妻とする目的で入籍させる制度である。この宇野子の結婚相手が、小三郎のちの吉兵衛である。

小三郎も9歳の時（1873（明治6）年）、叔父吉兵衛・孝子夫妻の養子となっている。叔父吉兵衛は石川県鶴来の出身、屋号を「加賀屋」と称していた。加賀屋吉兵衛が村井姓を名乗るようになったのは、明治3年以降、遅くとも1875（明治8）年には村井姓を名乗っている。

平民に苗字使用が許されたのは1870（明治3）年9月19日の太政官布告以降である。だが、苗字の使用に慣れないだけでなく、徴税、徴兵を警戒した人びとの間で、苗字の使用は広がらなかった。政府は、1875（明治8）年2月13日に「太政官布告」を出し、苗字の使用を義務化し、戸籍を編成した。壬申戸籍である。

加賀屋吉兵衛も村井姓で戸籍を編成している。「族籍」は「平民」である（「社長事蹟」大正四年）。

小三郎は小学校の課程を終わる頃から、養父について耕作地をまわり、葉たばこの鑑定や買い付けを見てきた。1878（明治11）年には京都～大津間に鉄道が開通しており、府県を中心に馬車・人力車・荷車・砲車等が通行できる内陸道路網の整備もすすんでいった。(3) 養父吉兵衛は、こうした鉄道や道路網を利用して買い付けに歩いていた。重い荷を背負って帰宅すると、今度はたばこの葉を刻む日々である。14歳の頃から小三郎は商売の厳しさを体験していた。(4)

1883（明治16）年の統計では、全国でたばこ製造人は8262人を数えている。小規模なたばこ業者が刻みタバコや口付きたばこを製造していた。加賀屋村井吉兵衛もその一人である。(5)

小三郎が京都でたばこ葉を刻んでいた頃、東京ではすでに30種類もの国産手巻きたばこが売ら

3　石井寛治『日本の産業革命　日清・日露戦争から考える』朝日新聞社　1997年
4　桑谷定逸「煙草大王＝村井吉兵衛の事」『富豪の面影』実業之日本社　明治35年
5　田口冨吉『民営時代　たばこの意匠』社団法人専売協会　昭和49年
　三和良一・鈴木俊夫著　由井常彦監修『日本たばこ産業　百年のあゆみ』日本たばこ産業株式会社　2009年。

れていた。だが、関税自主権のない日本に、アメリカなど外国産の紙巻たばこが安価で輸入され、年を追うごとにその市場を拡大していた。キセルがいらない、マッチで手軽に吸える——この紙巻きたばこは新鮮で人びとの目を引き、高級官吏、学者、豪商、医師などの間に広がっていった。明治の風刺画を描いたビゴーが「村いちばんの伊達男」がキセルに替わってフィルター付紙巻たばこを吸っている図を描いている。(6)

業者は輸入品にとって替われるような紙巻きたばこを開発しようと苦心していたが、容易には作れなかった。

小三郎、「アメリカ」との出会い

小三郎の転機は、アメリカン・ボード（American Board of Commissioners for Foreign Missions）の医療宣教医ジョン・C・ベリー医師（John Cuting Berry、1847年1月16日〜1936年2月9日）との出会いである。(7)

1884（明治17）年、風邪をこじらせた小三郎は、建設中の同志社病院の仮診療所に入院した。この時、ベリー医師から、アメリカの紙巻たばこの製法を書いた本を見せてもらった。機械がたばこを作るなど想像もできなかった小三郎は、驚くとともに製造法を知ろうと意気込んだ。

6 清水勲『ビゴーが見た日本人 風刺画に描かれた明治』講談社学術文庫 2001年
7 布施田哲也「医療宣教師“John C. Berry”がめざした 医学校設立運動について」公立丹南病院『日本医史学雑誌』第60巻第4号 2014年

翻訳の労をとってくれたのは、病院の開設にむけて多忙な堀俊造医師である。

2人は新しい世界への「窓口」だった。2人から未知の世界の話を聞きながら、小三郎は機械がモノを作るアメリカという社会を、あれこれ想い描いていた。同志社病院を紹介してくれた実業家中村栄助の主宰する会合で、新島襄の講話を聞いたこともあった。

回復するとまた、これまでのように葉たばこの仕入れに歩いたが、次第に京都という小世界からの脱出を夢見るようになっていた。小三郎の嗅覚は、同志社の人びとを通してアメリカをとらえていた。

「アメリカへ行きたい」だが、その金も方途もなかった。

宇野子、小三郎と結婚

たばこ葉の産地を歩き、支店を開こうと北海道へ出向くなど、吉兵衛は日本各地を動きまわっていた。1885（明治18）年10月10日、小三郎21歳の時に15歳になった宇野子との婚姻届を出している。養子の小三郎と縁女宇野子の結婚である。これを機に家督を継いだ小三郎が吉兵衛を名のり、養父吉兵衛は吉右衛門と名を改めている（「戸籍謄本」による）。

これまでつぎつぎと新しい事業に手を出しては失敗してきた小三郎だが、家督を継いだ後は、養父母と宇野子に支えられて家業に励み、刻みたばこや口付たばこの新銘柄を精力的に売り出している。

１８８９（明治22）年7月に東海道線（新橋～神戸間）が全線開通すると、吉兵衛はすぐ、東京に出かけている。はじめての東京、見るもの聞くものすべてが珍しかった。そこでは岩谷松平が天狗印の煙草を華々しく宣伝販売していた。業者たちは競って新しい銘柄を開発していたが、関税自主権がなく輸入税がかけられない日本に、「安い」外国産たばこが入っていた。なかでもアメリカ産は日本人の嗜好にあっていたのか、文明開化の「匂い」がするのか、その輸入は年と共に増加しており、１８９２（明治25）年ごろには爆発的な人気を博していた。

その中で、吉兵衛は輸入にとってかわる「亜米利加風・捲煙草」を製造しようと、情熱を傾けていた。しかし、この「風」も簡単ではなかった。輸入たばこの製品を手にすることはできても、製造方法がまったくわからない。ましてや国産の葉でどうやってアメリカ風の味と香りを出せるのか、試行錯誤を繰り返していた。ある時、輸入たばこ「ゴールデン」を燃やしたり、かみ砕いたりして分析したところ、たばこの葉だけでないことに気づいた。何か薬品が添加されている――硝酸曹達《しょうさんそーだ》であることをつきとめた吉兵衛は、薬局で買い集めてきた。これを臼で搗く作業は、宇野子と吉兵衛の妹たちである。年若い女性たちが片肌脱いでドンドンと臼を搗く姿に好奇の目が向けられ、近所で評判になった。道を通る人が塀の隙間から覗き見をする。視線をさえぎるために筵《むしろ》をさげても、それに穴をあけて覗き見する者が後を絶たなかったという。このようなエピソードが生まれるほど、宇野子たちも作業に精を出した。

新製品「サンライス」の開発

吉兵衛と宇野子たちの「合作」で、加香たばこが出来上がった。吉兵衛27歳の時である。家督を継いでから6年、家業に精を出してきた吉兵衛の努力がようやく実を結んだ。この加香たばこを「サンライス」と命名し、1891（明治24）年新春、発売にふみきった。命名はジョン・C・ベリー医師ともいわれている。

なぜ、「サンライズ」ではなく「サンライス」と表記したのか。当時、カタカナで書かれた公文書などでは実際に濁音で読んだが、表記の上では濁音記号を使わない慣習があった。このことから「ス」と表記して「ズ」と読ませたのか。あるいは、吉兵衛の聞き違いなのか。いずれにしても、日本語で「日の出」ではなく「サンライス」と命名したところに、吉兵衛のアメリカへの「憧れ」が込められていた。

箱のデザイン、印刷にも凝り、中には輸入した色彩の美しいカードを入れるなど、工夫を凝らした。安価で外国風の味と香りがする、手に入りにくいカラーのカードが入っている、しかも安い。「サンライス」はよく売れた。事業は拡張し、東京にも店を構えるようになった。

事業がようやく軌道に乗った時に養父吉右衛門が死亡した。その1か月後の1892(明治25)年3月28日に娘が生まれた。久子と命名している。

「夢」の実現

1893(明治26)年5月、シカゴで「コロンブス米大陸発見4百年記念　万国博覧会」が開かれた(5月1日~10月30日)。会場のジャクソン公園には、平等院鳳凰堂をモデルにした本格的な日本館「鳳凰殿」が建てられている。九鬼隆一、岡倉覚三(天心)などが携わっていた。

新島襄やベリー医師たちから話を聞いて以来、抱き続けてきた「アメリカ行き」の夢が実現できる機会である。だが、何の伝手もない、知合いもいない。そんな吉兵衛をサポートしたのが、同志社仮診療所を紹介してくれた中村栄助だった。実業家中村は1888(明治21)年秋に渡米し、ニューヨークに関西貿易合資会社(社長浜岡光哲・のちに京都商業会議所会頭)の支店を開設していた。

8月、吉兵衛は、パスポートと、「サンライス」で稼いだ2万円(1901年の企業物価指数から換算。当時の1円は1490円となる。2万円は現在の2980万円。三菱UFGのサイト）を懐に、神戸からサンフランシスコ行きの船に乗った。太平洋を横断する20日の船旅である。この間、日本での業務は、実父の弥兵衛や社員そして宇野子が引き受けた。幼子をかかえていた宇野子も、吉兵衛の長年の夢を後押しした。

シカゴ万博――アメリカへの旅

シカゴ万博は、19世紀にアメリカが開催した博覧会の中でも最も規模が大きく、入場者数は、アメリカの人口の約半数（2752万9000人）にのぼったという。会場には、動力としての電気の応用事例が数多く展示されており、約12万本の電灯が建物をライトアップするなど、夜間のイルミネーションが評判となっていた。日本では見たこともない光景が吉兵衛に強い印象を与えたのだろう、10年後の第5回内国博覧会では株式会社村井兄弟商会はイルミネーションで世間を驚かしている。

吉兵衛の旅はこれで終わらなかった。万博を見学したのち、アメリカで案内してくれた同志社出身の寺坂真雄と2人で、東部のたばこ工場や栽培地の視察に歩いている。ニューヨーク、ワシントン、バルチモア、リッチモンドなどのたばこ産地を精力的にまわり、各地で製造所を訪れては製造法から葉たばこの栽培、収穫、乾燥、発酵、調味料から売りさばき方まで調べてまわった。懐には「サンライス」で稼いだ大金があった。思い切って金を使って西洋人の信用を得ようという吉兵衛なりの戦略だったという[8]。

製造過程はどこでも秘中の秘で見学できなかったが、日時の許す限り、機械工場や葉たばこ問屋を訪ねてまわった。たばこ市場の組織、販売方法、喫味の嗜好、包装デザイン、宣伝方法にいたるまで、事業全般の知識を吸収しようと歩きまわった。

「何としてもアメリカ産の葉でたばこを作りたい」、そう思いつめていた吉兵衛は製造法の調査ができないならせめて原葉の調査をしようと、バルチモアに戻って耕作地を見てまわり、各種の葉たばこを細かく調査した。だが、単価が高く、輸入しても需要は見込めない。吉兵衛が目をつけたのが、優良な葉たばこからはじかれた細い葉や屑葉である。1000ポンド入の樽を6樽購入した。試しにしては思い切った買い入れであるが、鑑識眼が確かだからできたのだろう。これが日本初のアメリカ産葉たばこの輸入である[9]。

工場の調査はできなかったが、見るもの聞くものすべてが吉兵衛の想像を超えていた。あらゆるものがめずらしかった。精力的に各地をまわり、機械を導入した工場生産、生産管理、大規模耕作からたばこ市場の組織にいたるまで、事業全般の知識を吸収することをおこたらなかった。

8　村井吉兵衛「余が萬苦と戦って初て煙草業を開始したる當時の勇気」『實業之日本』實業之日本社　明治41年
9　前掲桑谷定逸「煙草大王＝村井吉兵衛の事」『富豪の面影』

吉兵衛を変えたアメリカの旅

アメリカという資本主義社会を貪欲に見て歩き、たばこ事業の知識を全身で吸収した後、1893（明治26）年12月30日、サンフランシスコを発ち、翌年1月下旬、横浜に到着した。足かけ6か月におよぶ旅行だった。

帰国後、吉兵衛は神田の金清楼で開かれた宴で、アメリカの模倣品を作っている自分がいかに世界を知らなかったのか、井の中の蛙であったのかを思い知らされたと、率直に反省の言葉を語っている。アメリカの旅は、吉兵衛にたばこ製造のあり方を教えた。彼の眼は、アメリカで展開されている機械化された工場生産を見ていた[10]。

「ヒーロー」を発売

帰国するとすぐに輸入葉たばこを精査研究し、香気の配合に工夫をこらした。

1894（明治27）年4月初め、「舶来の紙巻煙草を凌駕できる」、こう自信をもって販売できる純良品ができあがった。「サンライス」の発売から4年4か月、裁ち落しの屑葉だが、アメリカ産の葉なので風味がよい。「ヒーロー」と命名した。短く、憶えやすいこの名前は、アメリカで数え切れないほどのたばこを見てきた吉兵衛の命名である[11]。

10　田口冨吉「アメリカたばこの世界進出（26）」『たばこ史研究』たばこ史研究会 No.12　昭和60年5月

11　村井吉兵衛講演「民業時代に於ける紙巻煙草の製造」全国煙草元売捌人協会主催　『記念誌』村井合名会社　大正13年

村井兄弟商会を大改革

「ヒーロー」の発売にあわせて合名会社の大改革が行なわれている（1894（明治27）年5月16日）。30歳の吉兵衛を社長に選出し、親族、姻族で組織した資本金20万円の合名会社とした。実務はアメリカを参考に改革し、宣伝もアメリカ仕込みの「奇抜な方法」をとっている。馬車を仕立てた音楽隊が「ヒーロー、ヒーロー、サンライス」と囃して東京の市中を練り歩いた。この宣伝は当時の流行語になり、小学児童の間にも浸透していった。児童をつかまえて、「ヒーロー」を知っているかと聞くと、皆、「知っている」と答え、「ヒーロー」は誰がつくっているかと問うと、「むらい　けいていいしょうかい」と答えている。[12]

（合）村井兄弟商会が販売しているたばこ名をならべた童唄も歌われていた。5～6人の子供が「ピンヘッド、ピンヘッド、サンライス、オールド、カメオ、バイオレット、凱旋、お化けはヒーロー」と囃し立てると、ほかの子供が「カメオに追われて　トッピンシャン」と応えた。こんな遊びが生まれたほど、小学児童にまで「ヒーロー」の名前は浸透していった。[13]

12　觀風庵主人「村井吉兵衛氏」『商界之人物』小谷書店　明治36年
13　大渓元千代「たばこ民俗（52）童唄」『たばこ史研究』たばこ史研究会　No.46　平成5年1月

日本、清国に宣戦布告

吉兵衛が「ヒーロー」の開発に熱中し、販売にこぎつけた直後の8月1日、日本は清国に宣戦を布告し、朝鮮へ出兵した。出兵前の1894（明治27）年7月16日には、イギリスと「日英通商航海条約」を結び、治外法権撤廃の約束を取り付けている。

幕末の1854（嘉永7）年の日米和親条約から1969（明治2）年の日墺（オーストリア・ハンガリー）条約までの諸条約で、日本は治外法権、関税自主権の放棄、一方的最恵国待遇などの著しく不利な不平等な条約を締結していた。そのなかの治外法権撤廃をイギリスとの間に取り付けた。

このような日本が、7月20日、朝鮮に対して清国との宗属関係を破棄するように通牒をだし、22日までに満足な回答がない場合、政府内の大改革をおこなわせるとの要求を突きつけている。

7月23日、日本軍は漢城の王宮を攻撃、占領し、軍隊を武装解除した。この時、王妃閔妃を殺害している。「7月23日戦争」とも呼ばれる日本軍の侵略、武力制圧である。

軍事行動は続いた。7月25日、日本艦隊は豊島《ブンド》沖で清国兵を乗せたイギリス船籍の貨物船高陞号を撃沈し、30日に牙山《アサン》の清軍を攻撃して、平壌へ敗走させている。こうした軍事行動の後、8月1日に日本は清国に宣戦を布告し、朝鮮半島へ出兵した。

8月26日に「大日本大朝鮮両国盟約」が結ばれたが、その内容は朝鮮が日本に最大限の便宜を供与するという不平等なものだった。

朝鮮から韓国（1897年10月〜1910年8月）、そして「朝鮮」へ

17世紀以来、清の冊封体制に組み込まれていた朝鮮は、事実上の属国となっていた。日清戦争に敗れた清国は朝鮮を独立国と認め、その影響力は排除された（下関条約）。だが、清国にかわって、日本とロシアが朝鮮に干渉してきた。1895（明治28）年10月8日、日本軍人・壮士が大院君を擁してクーデターをおこし、ロシアと接近していた高宗の后閔妃を殺害した。

1897（明治30）年10月16日、高宗が即位し、国号を「大韓帝国」に改め、その略称を「韓国」と称した。独立国家であることを明示する措置である。1904（明治37）年、日露戦争が始まると、大韓帝国は局外中立を宣言したが、2月9日、仁川に上陸した日本軍は漢城（別称京城）に入って軍事的圧力をかけた。8月の第1次日韓協約では、韓国に日本の推薦する財政・外交顧問を任用すること、条約その他の重要外交案件は日本政府と事前協議することを承認させた。なお、1905（明治38）年の第2次日英同盟では、イギリスは日本が朝鮮で優越権をもつことを認めている。

日露戦争後の講和（ポーツマス条約）ではロシアが日本の大韓帝国に対する優先権を認め、他の列強もそれを黙認した。これを受けて、日本は大韓帝国と第2次日韓協約（1905（明治38）年11月27日）を締結し、外交権を接収して漢城（京城）に統監府を置いた。1907（明治40）年7月24日の第3次日韓協約によって、韓国の内政を統監の指揮下に置き、韓国軍を解散させている。

国家主権を奪い保護国化を進める日本に対して、朝鮮民衆は義兵闘争を展開し、高宗はハーグの万国平和会議に密使を派遣し、日本の不正を訴えたが、欧米列強はこれを黙殺している。

1910（明治43）年8月29日、韓国を併合した日本は、大韓帝国の国号を廃止し朝鮮と称するとしている。独立国大韓帝国は、日本の統治する「朝鮮」へとその呼称が変わっていく。李氏朝鮮（1392年~1897年）500年の呼称だった「朝鮮」の国号は、大日本帝国の一地域「朝鮮」の呼称へとその意味が変わったのである。

日清戦争と博覧会

清国との交戦中の1895（明治28）年4月1日、京都市上京区の岡崎公園で第4回内国勧業博覧会がオープンした。期間は7月31日までの122日間である。戦争も終結していない時期の博覧会開催に異議を唱える者も少なかつた。だが、殖産興業のことは1日も止めるべきではないとの政府の方針で、予定通り開催された。博覧会総裁は彰仁親王、金子堅太郎が事務官長をつとめ、評議員に中村栄助、渋沢栄一、関西貿易の浜岡光哲らが名前を連ねている。

シカゴ万博に携わっていた九鬼隆一が審査部門の審査総長に就任し、部長には第一部から第七部まで前田正名・河瀬秀治・田中芳男・村田保・牧野伸顕・和田維四郎・古市公威など、これまでの博覧会経験者が任命されている。各部門には審査員が任命されており、吉兵衛も審査員になっている。

出品人員は7万3781人、出品点数は16万9098点に及んでいた。(株)村井兄弟商会も出品し、有功一等賞をとると、すぐ『日の出新聞』(4月6日)に「有功一等賞」・「欧米対等」のコピーをつけた広告を載せている。[14]

京都東山に大看板

審査員になった吉兵衛は、準備にも力が入っていた。なかでも世間を驚かしたのが巨大な野立て看板である。アメリカで山頂に大広告があるのを見てきた吉兵衛は、京都の東山・如意岳(大文字山)の山腹に、1字が3間四方(5・4㎡)もある大きな文字で、「サンライス」「ヒーロー」

14　國雄行『博覧会の時代：明治政府の博覧会政策』岩田書院　2005。
吉田光邦編『図説万国博覧会史：1851-1942』　思文閣出版　1985

の看板をたてた。緑の山肌に白地の看板、大きな黒字は人目をひいた。初めて見る大看板に人びとは驚き、市からは風致を害すると撤去を命じられた。

撤去にあたっても、自主的な撤去であることをアッピールしている。明治天皇が行幸するので、御所から見えては畏れ多いので自主的に撤去したというのである。巨大広告も目立ったが、撤去の広告も大げさである。広告の役割は十分に果たしただろう。

清国で最恵国待遇

1895（明治28）年4月17日、清国と講和条約（下関条約）が締結された（5月13日公布）。日清戦争に勝利した日本は、領土、賠償金だけでなく資本輸出の権利も獲得している。

条約第1条は、「朝鮮国の完全無欠なる独立自主の国たることを確認す」とある。朝鮮半島から清国の力を排除し、日本の影響力を確保することを意図していた。

第2条は、遼東半島・台湾・澎湖諸島など、清国領土を日本へ割譲する条文である。

賠償金は、庫平銀2億両（清朝で流通した銀貨・現在の価格に換算すると約3億6000万円相当）、当時の日本の一般予算のほぼ3年分という巨額な支払いになっている。また、日本の商業・工業・製造業のための開港場を増やすことなどが規定されている。[15]

15　小野一郎「日清戦争賠償金の領収と幣制改革」京都大学経済学会『経済論叢』第94巻第3号　昭和39年9月

問題は6条4項の規定である。

日本国臣民は清国各開市開港地において　自由に各種の製造業に従事することを得べく、又　所定の輸入税を払うのみで、自由に各種の機械類を清国へ輸入することを得べし

清国で日本国臣民が製造する一切の貨品は、各種の内国運送税、内地賦課金、取立金、清国内地における倉入上の便益について、日本国臣民が清国へ輸入する商品と同一の取扱を受け、また、同一の特典免除を享有するという規定である。

日本は、清国内に自由に工場を作る権利、すなわち商品の生産を行う権利（資本輸出権）を獲得した。上海や大連などに自由に渡航し、企業活動ができるようになった。最恵国の待遇である。この待遇は、欧米にも適用され、イギリスも資本輸出権を利用して清国に進出していく。

「三国干渉」

下関条約で、日本は台湾、遼東半島などの領土を領有したが、ロシア、ドイツ、フランスが遼東半島の領有放棄を要求した。「三国干渉」である。国内では返還反対論が巻き起こったが、5

月10日、遼東半島返還の詔勅が出された。過熱する民衆の返還反対をバックに、政府は返還にあたって賠償金を上乗せさせる「奉天半島還付条約」（明治28年11月8日調印、12月4日公布）を結び、清国から還付報償金（庫平銀３０００両）も獲得している。

上海に支店開設

清国で「日本国臣民」の活動が認められるようになると、合名会社村井兄弟商会は店員を上海に派遣し、支店、工場の開設に向けて動きだした。条約発効から一年後の１８９６（明治29）年6月16日には、上海に支店を開設し、日本国臣民の輸入特典を利用して、輸入煙草の販売事業に参入している。(16)

朝鮮に進出、「ヒーロー」の広告

朝鮮には、それ以前の１８９４（明治27）年）に、京畿道仁川に地方代理店を置いていた。１８９６（明治29）年頃になると「ヒーロー」が売れ始めた。大韓帝国政府から鉄道敷設権を得た日本は、京仁鉄道（漢城〜仁川）と京釜鉄道（漢城〜釜山）の建設に着手していた（「日韓暫定合同条款」（１８９４（明治27）年8月20日））。かれらが「ヒーロー」など日本製紙巻きたば

16　柴田善雅『中国における日系煙草産業 1905–1945』水曜社 2013 年

こを朝鮮へ持ちこんだのである。朝鮮のたばこは、良質で安い。人びとは長煙管を愛用していたが、在留日本人が増えると共に、日本製品の輸出が増加していった[17]。

大都市から地方の小さな村にまで、紙巻きたばこがひろまっていった。中でも「ヒーロー」がよく売れ、紙巻きたばこの代名詞になり、紙巻たばこといえば「ヒーロー」と言われるほどだった[18]。

電車の切符

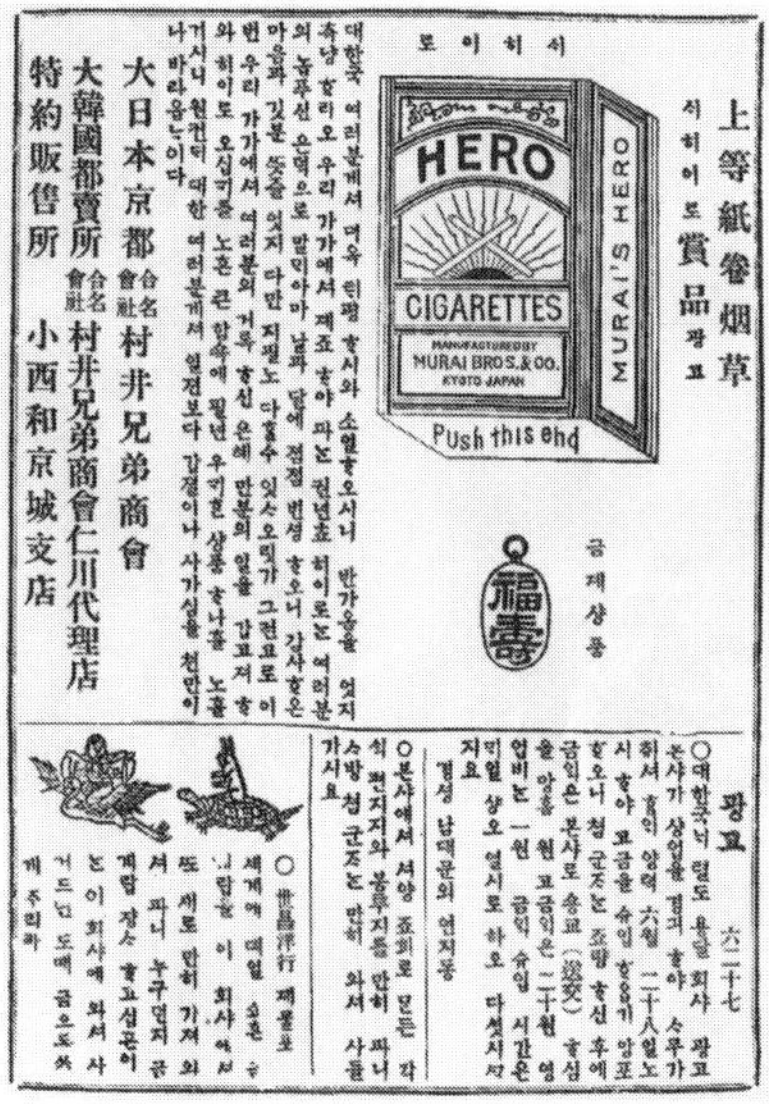

ヒーロー煙草の広告
『独立新聞』1899 年 7 月 4 日

17　大渓元千代「紙巻たばこの輸出　村井商会と同業者の対応」『たばこ史研究』NO30　平成元年　たばこ史研究会

18　李泳鶴「韓末日帝下　植民地の形成とその特質――村井進永農場を中心として」『地域と歴史』釜京歴史研究所　2004 年

1899（明治32）年7月4日の『独立新聞』（徐載弼　明治29年4月創刊）に「ヒーロー」の広告が載っている。韓国で最初の日本製たばこの広告である。その後も『滑稽新聞』（明治34年8月5日）や「皇城新聞」（明治35年3月3日）に広告を出し、電車の切符の裏にもハングルとカタ、カナで「ヒーロー」を広告していた。

大阪税関の調査によると、1902（明治35）年1月から3月まで、大阪港から大韓帝国に輸出されたたばこの約半分（47％　2万0814円）は「ヒーロー」が占めていた。この他、「ハニー」、「ピーコック」、「忠勇」など、村井兄弟商会のたばこが韓国の市場で圧倒的なシェアを誇った。その後、販路は、香港や海峡植民地へとひろがり、「東洋の市場」でも「ヒーロー」はその名を知られるようになっていった[19]。

専売への動き――「葉煙草専売法」公布

日本政府は、清国から多額の賠償金を獲得したが、軍備拡張や国内交通の完備、清国や大韓民国で利権拡大のための施設などに、一層の財源を必要としていた。葉たばこ専売をその一つと考えて、第9帝国議会の衆議院特別委員会に「葉煙草専売法案」を提出したが、否決された（1896（明治29）年1月11日）。

19　前掲　大渓「紙巻たばこの輸出」

政府は、否決された法案に若干の修正を加えた修正法案を本会議に提出し、可決にもちこんだ。貴族院でも可決され、１８９６（明治29）年３月27日「葉煙草専売法」が公布され、２年後の１８９８（明治31）年１月１日に施行された。10月には専売局が設置されている。

関税の引き上げ

「葉煙草専売法」が公布された翌年の１８９７（明治30）年３月29日に関税定率法が公布された（31年１月１日施行）。輸入品４９７品目に40〜50％の関税がかけられることになった。これまで１円の輸入品の輸入税４銭が、40銭から50銭になる。イギリス、アメリカとの間では15％程度で落ち着いたが、いずれにしても輸入品にこれまでより高い税金がかかってくる。

圧倒的なシェアを誇っていた外国産紙巻たばこの輸入が減少することは明らかある。業界にとっては朗報だったが、原料の葉たばこを輸入している村井兄弟商会にとっては大打撃である。関税があがる前に葉たばこを輸入しておこうと、かつてアメリカで一緒に調査にまわった寺坂真雄（その後、吉兵衛の義妹と結婚し村井姓を名乗っていた）と、もう一人の役員松原重栄がアメリカに派遣された。

渡米した２人は、主要な産地をまわり買付けを行った。原料を確保するための「見越輸入」で、

1樽何トンというたばこ樽を1万樽購入という思いきった注文をしている。無謀とも言える買いつけだった。[20]

アメリカたばこ会社の戦略

日本に関税自主権がなかった1896（明治29）年当時、たばこ総輸入販売量は2億3502本だった。そのうちの約77％（1億80万本）をアメリカたばこ会社（AT社）の製品が占めていた。これに関税がかかることになる。戦略の転換をせまられたAT社が関心をもったのが、工場の機械化に取り組み、大量生産をしていた（合）村井兄弟商会だった。デューク社長が自ら接触してきた。「合弁」の提案である。事実上は、AT社が資本の過半数を握ることを目論んだ、「合弁」という名の「買収」だった。当初、（合）村井兄弟商会は提案に応じなかった。だが、たばこ葉の大量買い付けで資金繰りが苦しくなってきた（合）村井側は、その活路はAT社との「合弁」しかないと見極め、これに応じることにした。苦渋の選択だった。

交渉は難航したが1899（明治32）年12月27日、AT社と合名会社村井兄弟商会の合弁による株式会社村井兄弟商会が誕生した。外資導入第2号（1号は日本電気）だが、その資本金（1000万円）の大きさから、巷間では1号と言われている。

20　上野堅實『タバコの歴史』大修館　1998年

これまでも吉兵衛はアメリカから機械を導入して大量生産をすすめてきた。それだけでも市場の寡占化がすすみ大問題だったが、今度は世界のＡＴ社と「合弁」して一大たばこ会社をつくったのである。「村井ショック」は激しい非難と反発を生んだ。

外資との合弁（株）村井兄弟商会の誕生

非難と反発の中で生まれた新会社はアメリカ式に改組され、社内の事務組織の一切がアメリカ本社にならって改良された。最初の半年間は、アメリカから来た経理担当者が指導して、帳簿のつけかたや体裁すべてがアメリカ式に変わった。

例えば、１０００本の煙草にいくらの原料、労力、雑費がかかり、いくらでできたのか、これをいくらで売って、どれだけの利益があったのか。広告費をいくら支出し、どれだけ利益を上げられたのか。このようなことを詳細に記録し、一目で見ることができるようにした。会社の事務は全く面目を一新することになり、能率が上がった[21]。

外資と合弁した（株）村井兄弟商会は、発足当初は50対50の対等合併の形をとっていたが、すぐにＡＴ社が株の過半数を握った。アメリカでの熾烈な競争の中で鍛えあげられたＡＴ社の経営ノウハウや技術などを導入した（株）村井兄弟商会は、名前は「村井」だが、日本の国内に忽然

21　松原重栄「村井商会は外資輸入より如何なる利益を受けたるか」『實業之日本』第11巻第15号　實業之日本日本社　明治41年

として現れた米国式企業であった。働く者は必要な者ばかりだった。十分に働かせる代わりに、その給料と賞与は思い切って多くを支払う、こうして会社はスムースに動き、製品は売れた。1901（明治34）年7月、本社を東京都芝区田町に移した。東京への進出である。宇野子も吉兵衛と一緒に東京（芝区小山の旧後藤象二郎邸）へ移っている。京都生まれ京都育ちの宇野子の新しい生活が始まった。

本社を移した当時の芝田町の様子が紹介されている（「村井兄弟商会の近況」）。

株式会社村井兄弟商会が其本店を東京芝田町（旧木村工場）に移したるは概報の通りなるが、従来京都に在りたる重役及び主なる店員等も最早総て移転して業務を取扱ひ居れり、今同商会の目論見なりといふを聞くに、田町一丁目に既に4千余坪の土地を買ひ入れ、其内1000坪は煉瓦四階作りの建築をなし、之を本店并に工場に宛て、爾余は倉庫等の建物に宛つる設計にて目下其筋に出願中なるが、却々経営なれば、現に其準備に取急ぎ居れども、悉皆完成するには約二年を費すべしと云ふ、同商会が殊更に田町に土地を卜して本店を設けしは、現に鉄道線路に近くして広告に便なると、貨物の輸送に好都合なつと《ママ》にあれとも、其最も目安を据へ居るは、将来其付近に大停車場の設置さるゝにより、広告に一大偉功を奏せんとするにある由なり、又同商会は世間の不景気につれて、昨年下半期は好成績にあらざりしが、本年上半期末に至り、稍其商況を恢復したりと云ふ、同商会主催なるヒーローは、全国平均に売捌かるゝも、主として京阪地方に其需要多しと云へり、因に云ふ台湾基隆及上海の同商会支店は去る七月二十五日廃止したり。

『煙草雑誌』第129号（1901年9月8日）たばこと塩の博物館蔵

芝田町に4000坪の本店兼工場を建築している。ここは鉄道線路に近く、将来は大停車場が設置されることを見込んだ選定である。吉兵衛の見込み通り、1910（明治43）年3月30日に陸地測量部が作成した田町一丁目付近地図上には田町駅も出来ており、のちに専売公社へ売却された村井本店、工場が、「専売公社　煙草製造所」として記載されている。新橋駅構内には貨物ヤードも吉兵衛の想定通りに設置されている。

年間生産50億本

アメリカから資本、経験、技術を導入した（株）村井兄弟商会は、生産力を増していった。年間製造能力は50億本、1902（明治35）年の販売本数は32億6204万本を数え、国内の紙巻

きたばこ市場の52%を制するまでになった[22]

おまけカードに、任天堂のトランプカードをいれたのもこの頃である。

1903(明治36)年3月1日~7月31日、大阪の天王寺今宮で第5回内国勧業博覧会が開催された。「電気の博覧会」とよばれたほど電気を活用した博覧会の会場入り口には、6尺(10・8メートル)の「第五回内国勧業博覧会」の大文字が点滅し、本館全体がイルミネーションで飾られた。本館前の大理石観音像は、サーチライトの光りで七色に変化し、噴水塔の水煙は赤色に輝いて、人びとを驚かせた。余興場の電気設備も空前のもので、当時の電気技術の最高点を示すものだった。

(株)村井兄弟商会は、会場の正門脇に高さ約40メートルのアメリカからの輸入たばこ「オールド」の高塔を建てている。「オールド」の大広告塔は、全体に照明で装飾し、夜間には1万5000燭光のサーチライトが周囲を照らし、その灯りは四方48kmに及んだと言われている。[23]

「たばこ税」は重要な財源

(株)村井兄弟商会の誕生とこのような活動は、政府とりわけ大蔵省に危機感を抱かせた。政府は製造たばこも専売にし、その収益金で歳入の不足額を補填しようとの動きを強めていた。

22　前掲三和良一・鈴木俊夫『日本たばこ産業』49頁
23　井上熊次郎 編『第五回内国勧業博覧会案内記』考文社　明36年

こうした政府の動きを知った業者もまた危機感を抱き、１９０２（明治35）年12月11日に「東京中央煙草業協会」役員会を開いている。専売は「既得の営業権」を略奪するものであると「絶対に反対」を決議し、専売反対の運動を始めたが、帝国議会は地租増徴継続問題で紛糾し、政府が専売法案を提出する前に解散してしまった。

それでも反対運動を続けていた岩谷松平（天狗印の煙草発売元）や村井吉兵衛たちは、東京市芝新網の後藤新平宅に押しかけた。

面会を強要する岩谷らに、後藤は「足下等は性命とも云ふべき余の貴重なる時間を殺さんとして来れるなり、否、足下等は余の時間を盗まんとして来れるなり、即ち足下等は盗賊なり、無礼なり、失礼なり　足下等の言、余は重ねて聞くべき耳あらざるなり」と、追い返したと報じている（明治36年２月５日『大阪朝日新聞』）。

反対運動が燃え上がっている中で、政府は大蔵省内に「煙草問題特別委員会」（委員長・阪谷芳郎総務長官。１９０３（明治36）年７月）を設置し、法案の修正と実施項目の検討をおこなっている。外国資本の脅威を強調し、それから国家の利益を擁護するための専売であると、専売を正当化していた。

業者たちは、専売は自分たちが心血を注いで開発してきた製造方法、生産システム、ノウハウなどを利用して、政府が利益を「独占」するものであり、国家による「収奪」であると反対した。だが、1904(明治37)年4月1日、「煙草専売法」は衆議院、貴族院で可決成立してしまった(「法律第14号」7月1日から施行)。

それでも業者は、5月5、6日の両日、東京商業会議所で「全国煙草業者連合大会」を開き、「絶対的反対」を満場一致で決議している。陳情委員長の千葉松平(牡丹印のたばこ発売元)が「意見書」を貴族院、衆議院議員に配布してまわった。吉兵衛もこれに同行していた。

だが、専売制度は強行された。

「紙巻たばこに一時代を画した」と評された吉兵衛の事業も国家に奪われた。1904(明治37)年9月17日、最後の株主総会が開かれた。(株)村井兄弟商会を設立してから5年、心血を注いで作りあげた会社はその「終局」を迎えた。吉兵衛は「その業を挙げて一功政府に納め国家に捧げるに至れり。ここにその終局を告ぐ」と、その心境を記している。「独力奮闘」し、機械化に着眼して、分業の方法を考え出し、いくたの苦心を重ねてつくり上げてきた事業、これを国家に「捧げた」との想いである(『社長事績』)。

「今後、何をするのか」、15歳の時から吉兵衛と共にたばこ事業を作りあげてきた宇野子の喪失感も大きかったろう。村井兄弟商会の記録に宇野子の名前が出てくることはないが、縁女になり、その後、吉兵衛と結婚した宇野子は、15歳の時からたばこ商の家にあって、ともに事業を作りあげてきた。その失敗も成功への道も見てきた。吉兵衛のアメリカ60日間の旅の間、留守を預かったのは会社役員たちだが、もう一人の要は宇野子だった。宇野子がいて吉兵衛の事業があった。その事業を手放したのである。「影の当事者」である宇野子にとっても転機だった。

多額の補償金

（株）村井は専売補償金の46％にあたる1111万3138円を受け取っている。出資比率で分けると合弁相手のAT社が709万610円（為替レートでは71万5524ポンド）、吉兵衛たち日本の株主の補償金は401万7037円となっている。[24]

目の前に積まれた400万をこす大金は、吉兵衛や村井兄弟商会の日本側株主、社員たちのこれまでの人生の「対価」ではあるが、これで何をするのか、何ができるのか。吉兵衛はすでに40歳、新たな事業を起こすには歳を重ねすぎているが、その金を懐にいれて引退するには若すぎる。何よりも常に体を動かし、新たなものを追いかけてきたこれまでの人生から、隠居などは考えられなかった。

溢れる活力を活かして新たな事業を模索していった。

24　前掲三和良一　鈴木俊夫『日本たばこ産業』 93頁
1円を1490円（1901年当時）で換算すると2019年では59億8538万5130円となる。

再出発――銀行家・実業家として

吉兵衛が立ち上げた新事業の一つが銀行であった。煙草専売法が施行されてから半年後の1905（明治38）年1月19日には、合名会社村井銀行（資本金100万円・約14億4900万円）を設立した。補償金を資本として銀行を設立し、その融資で事業を展開していく。銀行と事業が一体化して構想されていた。日清戦争後、工業化に拍車がかかる中で、銀行を通じて外部資金を調達し、自社あるいは関連企業の事業活動に供給する、このような企業の資金調達を容易にすることを目的とした銀行が濫立されていた。機関銀行とよばれている。

1897（明治30）年の銀行数は1599行だが、1901（明治34）年には2385行に増加、4年間に826行が新設されていた。この濫立された銀行が「未成熟な資本市場のもとで、ベンチャー企業へ外部資金を供給する一つの有効な方法」となっていた[25]。

不況もあって1901（明治34）年をピークに銀行数は減少していくが、それでも村井銀行が設立された1905（明治38）年には10行が新設されており、総数は2230行を数えている[26]。

25　堀内昭義「機関銀行の仕組みと戦前日本の金融制度」花崎正晴・大瀧雅之・随清遠編著『金融システムと金融規制の経済分析』　勁草書房　2013年

26　『安田銀行六十年誌』株式会社安田銀行六十周年記念事業委員会　204-205頁

村井本店の設立

補償金という自己資金をもっていた吉兵衛は、銀行と並行して村井本店を設立している（1905（明治38）年1月19日）。

ここに農林部、石油部、石炭部の3部門をおき、総務部が各事業部を統括した。農林部は朝鮮で農場、台湾で造林所の開発を担当し、石油部は北海道、石炭部は九州・北海道を中心に開発事業に動き出した。いずれも巨額な資金を要するが、村井銀行の融資がこれらの事業を支えていた。

本店設立と同時に農林部が動き出した。朝鮮で農場を開発しようという計画である。朝鮮はかつて「ヒーロー」の販売に力を入れてきた地である。たばこの販売では成功したが、農場開発はまったく事情が異なる。第一次日韓協約が締結（1904（明治37）年8月22日）されていたが、大韓帝国政府は外国人の土地購入を認めていない。この時期に朝鮮に農場を作ろうと計画したのである。農場用地の買収が大きな問題となっている。

農場経営に乗り出す日本企業

1905（明治38）11月17日に「第二次日韓協約」が締結され、漢城に韓国統監府（初代韓国統監伊藤博文）が置かれた。「統監府」は1年もたたないうちに、日本人の土地所有を認める

「土地家屋証明規則」（１９０６（明治39）年10月）を定め、翌年7月には「国有未開墾地利用法」を制定している。

日本人企業家や大地主の投資が朝鮮へ向けられていった。渋沢財閥の韓国興業（１９０４年創立１９０８年所有耕地６０６７町歩）、三菱財閥の東山農事（１９０７年創立　３６８７町歩）、大倉財閥の大倉農事（１９０４年創立、２３５８町歩）など、財閥が農場経営に乗り出している。[27]

村井本店の進出計画も、こうした財閥に歩調を合わせた動きである。第三次日韓協約が締結された１９０７（明治40）年頃には、日本人１０９人が朝鮮半島南部の3地域で、集中的に土地を取得していた。[28]

1. 全羅北道（錦江、東津江、万景流域の群山付近）
2. 全羅南道（栄山江流域の光州、羅州を含めた光州平野）
3. 慶尚南道（洛東江流域を含めた金海平野）

村井本店が進出を計画したのは、3の慶尚南道の洛東江流域である。日本人の土地所有が認められていなかった時から、朝鮮人有力者を代理人として土地買収をすすめていた。だが、思ったようには進んでいなかった。

27　石井寛治前掲書 240 頁
28　浅田喬二『増補　日本帝国主義と旧植民地地主制』龍渓書舎 1989 年　67 頁

宇野子と吉兵衛の旅

京義線・安奉線の開通

吉兵衛は農場予定地を自分の目で確かめようと、韓国行きを計画した。1906(明治39)年4月に漢城から新義州まで軍用鉄道京義線が開通していた。長年、仕入れに歩いた経験から、鉄道が流通・情報の要であることを知っていた吉衛兵は、鉄道の開通を待っていたかのように朝鮮半島に渡った。

農場予定地の進永は、南東部の慶尚道にある。釜山からは京釜線で三浪津まで行き、そこから馬山行の馬三鉄道(馬山~三浪津を結ぶ)に乗り換えると、途中に進永駅がある。農場予定地を視察したあと、吉兵衛と宇野子たちは三浪津から京釜線で大邱を経て漢城へ向かった。そこから開通したばかりの京義線で新義州まで行き、終点の新義州から船で鴨緑江を渡り、清国の安東県・安東からは前年の12月15日に奉天まで安奉軽便鉄道(302・56キロ)が全線運転を始めていた。軌間762ミリのトロッコのような軽便鉄道である。それに乗っている。[29]

「作る方も作る方だが、乗る方も乗る方だ」と言われた軽便鉄道に乗ろうというのである。同

29 「村井合名会社文書明治39年」「村井吉兵衛翁　朝鮮農場関係書翰綴(梅之部)」「村井吉兵衛翁　朝鮮農場関係書翰綴(蘭之部)」未刊行

行した宇野子は、玄界灘の大揺れに揺れた船旅に苦しみ、客車というのもはばかられるような車両の軽便鉄道に乗って戦跡や名所旧跡を精力的にめぐり、時には生々しい戦場跡に足を踏み入れている。人びとの暮らしもよく見ており、時には「帝国」の仲間入りをした日本人の視線から書き留めている。

玄界灘を渡る

宇野子たちが新橋を出発したのは1906（明治39）年4月14日、京都で下車し、翌日には大阪・梅田から「最大急行列車」で馬関（下関）へ向かった。前年9月に就航したばかりの関釜連絡船に乗船している。船中で船酔いに苦しみながら、宇野子が想いうかべていたのは1年10か月前の日本海海戦で沈没させられた常陸丸である。

日本郵船所有の常陸丸（6172トン）が徴傭されて、後備近衛師団第一連隊第二大隊など総計1238名を乗せて、1904（明治37）年6月14日、宇品を出港した（輸送指揮官は連隊長須知源次郎中佐）。玄界灘でロシアのウラジオストク艦隊の巡洋艦3隻に攻撃され、撃沈された。陸軍958名、海軍3名、乗組員130名の総計1091名が戦死し、生存者は147名だった。宇野子が悔しがるほど軍人らの「壮烈な戦死」が新聞や雑誌などでセンセーショナルに報道されていた（常陸丸の「殉難慰霊碑」は1965（昭和40）年に靖国神社境内に再建されている）。常陸丸から2㎞程離れて佐渡丸が航行していた（輸送指揮官は田村義一陸軍工兵大佐）。これには、野戦鉄道提理部の要員865名などが乗船していた。「野戦鉄道提理部」というのは、開戦直後の2月21日に臨時軍用鉄道監部の下に編成された部署である。要員は日本国内の各鉄道会社から集められた非戦闘員であるため、短時間だが退艦時間が認められた。その後、佐渡丸は魚雷攻撃をうけたが不発だったので、撃沈を免れている。[30]

再編成された野戦鉄道提理部の要員を乗せて丹波丸は、7月にふたたび大連に向かっている。かれらがロシアの東清鉄道南満洲支線（広軌1524ミリ）を、日本仕様の狭軌（1067ミリ）に改軌している。これにより南満洲支線でも国内車両が使用できたので、日露戦争の間、兵站線を確保できたのである。改軌はポーツマス条約調印までに、昌図（長春）まで達していた。

宇野子は船酔いしながら常陸丸を思い起こしていた。センセーショナルな報道もあったが、前年の9月5日には日比谷公園で日露講和条約（ポーツマス条約）の調印に反対する大会を開こうとした人々が警察と衝突した。怒った民衆が東京市各所の交番、警察署などを破壊し、市内13か所で焼打事件を起こしていた。「日比谷焼討事件」である。戒厳令がしかれたこの事件から半年余りしか経っておらず、日露戦争の記憶はまだ鮮烈だった。

30　井上勇一『鉄道ゲージが変えた現代史—列車は国家権力を乗せて走る』中公新書　1990年　89頁

釜山――よその国に来たような感じがしない

釜山に上陸してひと心地ついた宇野子は市内を歩いたが、少しもよその国に来たような感じがしなかったと書いている。観察眼はするどい。釜山は、日本人が市内の重要な地を占めているだけでなく、その居住地は1905（明治38）年3月の「居留民団法」の実施と共に、日本政府が統治する自治区のような性格をもつようになっていた。宇野子の訪問する一年前から韓国の郡行政とは全く別の「自治的地方行政制度」が実施されていたのである。[31]

追悼集「卯の花」には、宇野子と吉兵衛一行が釜山で有吉理事官を訪問したと書かれている。理事官というのは、領事館が担ってきた業務を引き継いだ理事庁の責任者であり、許認可権をもっていた。釜山の他に馬山・群山・木浦・京城・仁川・平壌・鎮南浦・元山・城津・大邱・新義州・清津にも理事庁が置かれ、統監府の職務を分掌していた。

宇野子たちはこの釜山行政のトップにたつ理事官を訪問して、紅茶洋酒のもてなしを受けている。進永に進出しようとしていた吉兵衛にとっては重要な訪問だったと思われる。

31　洪淳権「植民地期釜山の議会と日本人」九州国際大学経営経済論集　第十八巻第一号　2011年10月

「好みのカメラ」

宇野子は吉兵衛が「旅の途中釜山で新たに好みの「写真機械」を購入されたので、翌18日は種々市中の風物を撮影」したと書いている。「新たに」という言葉から、吉兵衛はそれまでも写真機を使って撮影していたことがうかがわれる。その吉兵衛の購買欲を書き立てた「好み」の写

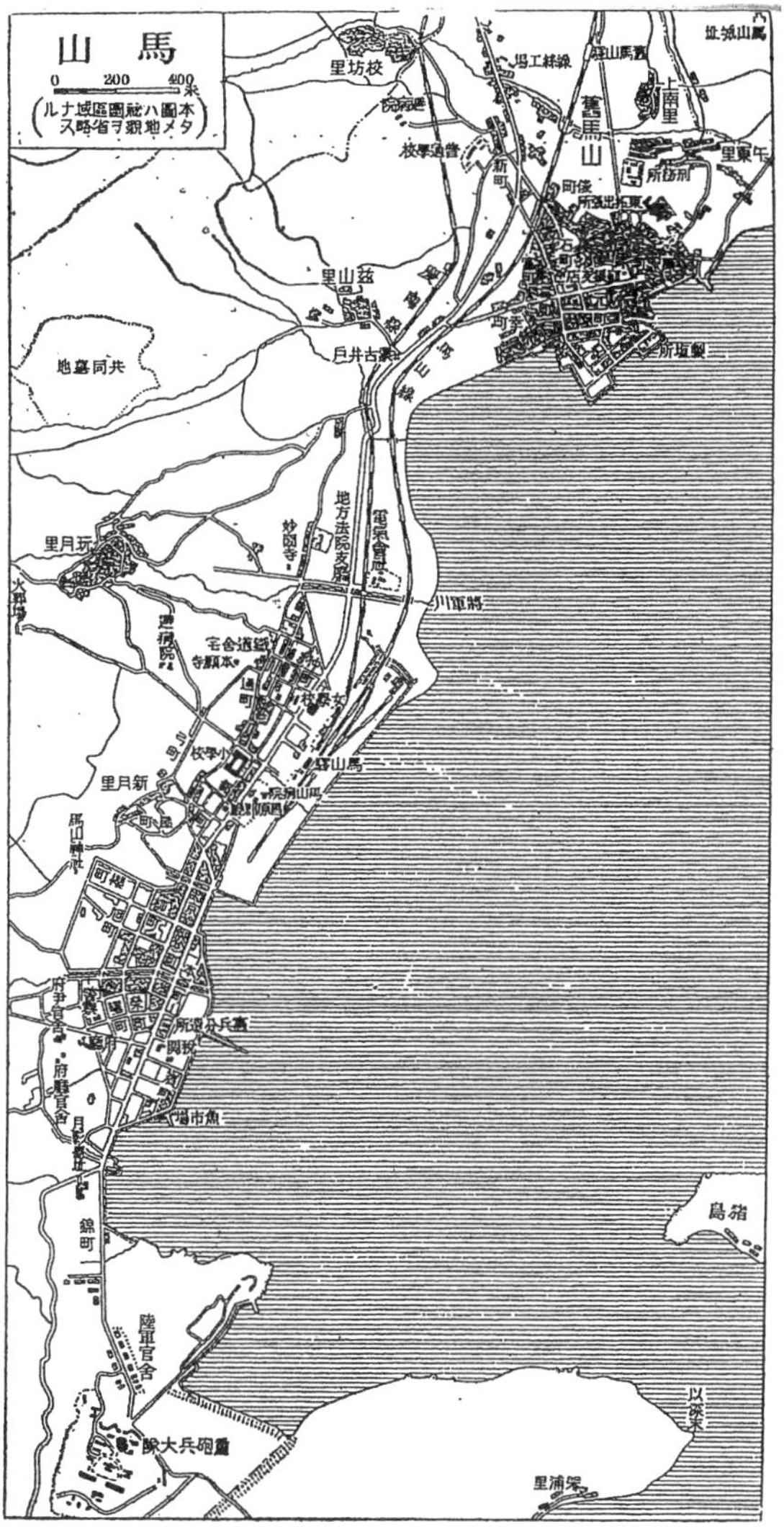

『日本地理風俗大系 17　朝鮮下』新光社　昭和５年

真機械とはどのようなものだったのか。「卯の花」に掲載されている写真は横位置であり、また、62頁の２０３高地の写真のように動きのある画像もある。

１９０６年当時のカメラは湿板、乾板方式が主流である。器材の扱いにくさや露光時間の調整などが難しく、日露戦争の時の写真班には多くの補助要員がついて撮影している。もちろん吉兵衛にこうした補助要員はいない。「卯の花」に収録されている写真は横位置で数も多いことから「ロールフイルム」を使っていると推定できる。ロールフィルムを使ったことで現代のスナップ写真に近い軽快感のある写真を撮ることができたと思われる。現代のスナップ写真に近い映像は、宇野子の姿を数多く写し撮っているだけでなく、時には同行者や護衛兵と思われる者も写している。

報道カメラマン齋藤尚義氏は、吉兵衛の購入したカメラは「3号ホールデング・ポケッット・コダックC」（１９０２製）と推測している。[32]

宇野子が立ち寄った地の韓国統監府理事庁理事官と任期

１９０５

32 『カメラのあゆみ　幕末、明治、大正、昭和』朝日新聞社　1976年

【京城】浦弥五郎　1905～1910年
【仁川】藤本四郎　1905年　本田常吉　1906年　信夫淳平　1907～1908年　橋本豊太郎（副理事官）1909～1910年
【釜山】有吉　明　1905年　松井　茂　1906年　亀山理平太　1907～1910年
【平壌】菊池武一　1905～1907年　若松兎三郎　1908～1910年
【大邱】大路正雄　1906年、氏野徳太郎　1907年、岡本正夫　1908年、能勢辰五郎　1909～1910年
【新義州】岡部三郎（副理事官）1906年、岡部三郎　1907～1908年、深川伝次郎（副理事官）1909～1910年

嶺南鉄道か馬三鉄道か

漢城行の京釜線は、釜山郊外の草梁から発車している。市内～草梁間が立ち退き問題などで工事が遅れていたのである。草梁から乗車した宇野子一行は、途中の三浪津で下車し、馬山行の馬三線に乗り換えている。この馬三線を宇野子は嶺南鉄道と書いているが、これはそれ以前の「大韓国内鉄道用達会社」（1899年設立）の時の名称である。

この会社は韓国の鉄道の父とも呼ばれた朴琪淙が理事長をしていた。朴琪淙が嶺南鉄道の名称で敷設認可を申請し、1902（明治35）年9月、韓国政府から敷設認可が下りていた。だが、資金不足のため日本に借款を申し入れた。第一銀行京城支店から借り入れはできたが、その後、渋沢栄一ら日本人が経営する京釜鉄道株式会社（京仁鉄道合資会社と京釜鉄道会社が合併し、1903年12月1日設立）に、敷設権を譲渡していた。日本側に施設権が移ったのち、馬三鉄道とその名を変えて建設がすすめられていた。

1904（明治37）年9月に着工した。当初、部隊の移動や物資の輸送など、兵站を確保する軽便鉄道（762ミリ）として計画されていた。これを「国際標準軌間」（1435ミリ）で統一して運用するために、京釜、京義、京仁の3幹線を軍用鉄道として管理しながら、馬三線の工事にとりかかっていたのである。宇野子が乗った時はすでに軍用線路として動き出してはいたが、荷車に腰掛をつけたような車両だった。嶺南鉄道と名を間違えて書いているように、まだ移行期だった。

山根臨時軍用鉄道監に面会

建設にあたっていたのが臨時軍用鉄道監山根《やまね》武亮《たけすけ》少将である。宇野子たちは乗換駅三浪津で山根少将に面会している。馬三線進永駅近くに農場を開発しようとしていた吉兵衛にとって、この面会は重要な意味をもっていた。軽便鉄道では農場開発に支障をきたす。天然の良港である馬山浦から鉄道輸送ができれば、工事用資材の搬入やコメなど農産物の搬出も可能となる。

のちに、進永駅と農場の間に人力の軽便線を敷設しているが、この時も朝鮮内では調達が難しかった枕木や線路などを日本で調達して、馬山で陸揚げしている。英国から輸入した干拓用揚水器、ボイラー、2000貫余り（7500kg）もある水門用鉄扉等の搬入にもこの馬三線が利用されている。

陣頭指揮をとっている山根に面会した吉兵衛は、その後、3日間、宇野子たちと別行動をとっている。宇野子は何も書いていないが、馬三線の工事現場の視察、陸軍が計画していた大鉄道工場や兵站確保のための馬山浦停車場の拡張工事などの視察に出向いたと考えられる[33]。

こうした視察が可能だったのは長岡外史《がいし》（後の参謀本部次長付）の紹介があったからと思われる。長岡と山根は「満韓」経営の必要性を談論し、肝胆相照らす仲だったという。その長岡と吉兵衛は面識があった。その関係を知ることができる一枚の写真がある。

前年に「日本海大海戦祝捷会記念」の宴が東京の日本倶楽部で催された。これに吉兵衛と長岡が同席していた。その後も「日本最初のドライブツアー」（1908（明治41）年8月1日）に

33 「馬山停車場用地区域拡張意見書附図」、「韓国軍用鉄道一般旅客及軍需品以外ノ貨物論送賃金」）陸軍省編纂『明治卅七、八年戦役　陸軍政史』第4巻　湘南堂書店　昭和58年

も同行している。長岡から「肝胆相照らす仲」の山根を照会されたのか、あるいは吉兵衛が自ら出向いたのか、いずれにしても吉兵衛は一人で馬山浦で進む工事の現場を視察してまわったと思われる。[34]

韓国鉄道——帝国鉄道院の管轄に移る

朝鮮半島と満州を結ぶ軍用鉄道の敷設は、日本の大陸経営の要である。1909（明治42）年7月6日に桂太郎内閣が閣議決定し裁可された「対韓施設大綱」には、「韓国鉄道を帝国鉄道院の管轄に移し、同院監督の下に南満洲鉄道との間に密接なる連絡を付け、我が大陸鉄道の統一と発展を図る」とある。大陸とつなぐ韓国鉄道の重要性を認識していた日本は、「併合」とともにその管轄を帝国鉄道院に移していく。[35]

鯛が美味しい馬三浦

一方、宇野子は、開通したばかりの軍用鉄道に乗り、馬山浦に直行している。鯛が安くておいしいと書きながら、港の重要性も見逃していない。ロシアが海軍の根拠地にしようとしたことや日本海海戦の際、日本軍がここでロシアの艦隊を待ち伏せしていたことにふれている。

34　『明治のたばこ王　村井吉兵衛』たばこと塩の博物館刊　2020年
35　外務省本省「日本外交文書デジタルアーカイブ」第42巻第1冊第2冊

進永：農場予定地

宇野子は1日だけ農場予定地進永の視察に同行している。馬三線進永駅から北へ7～8キロの地、金海郡下界面進永里に村井本店事務所が置かれていた（1905（明治38）年11月開設）。見渡す限り沼沢がひろがり、膝まで没するような泥沼が連なり、沼辺には生い茂る蘆を踏み分けた自然にできた道がある。その中に、朝鮮人の藁葺きの民家数軒があり、村井農場の事務所があった。馬三鉄道が開通すると、進永駅周辺に日本人が移り住み始めていた。草分けの1人青柳種吉はその頃の進永をつぎのように書いている。

進永は、実に稀にみる貧乏部落だった。夜は狐が泣いて通り、店の前に山猫が子を産んでいたようなところだったが、鉄道が開通し、村井農場ができるとにわかに景気づき、やがて日本人が移民して、商店が急速にでき始めた。

青柳は1904（明治37）年秋、大豆を買いに進永に来たのがきっかけで、永住することになったという。村井本店が事務所を開設したのと同じ頃に日本人会ができ、小学校もできた。開校時の生徒は2人、草ぶきの旧駅舎を借りて校舎にしている。宇野子が出向いた頃である。その後、生徒が増え、進永学校組合を設立して、学校を建てている。
はじめて洛東江をみた小学1年生が、「化物のような大河」に恐ろしくなって逃げ帰ろうと思ったと、当時の思い出を綴っている。[36]

「化け物のような大河」

この「大河」沿いに農場を開こうというのである。はじめから「化け物」との闘いだった。大河が氾濫すると、堤防を越えた水が低平地に滔々と流れ込む。山麓の沼沢と一体となって一大黄海となり、ここに氾濫で運ばれた土壌が堆積していく。一朝一夕の雨で洛東江の水かさが増すと低平地の間を流れる注川の水が急に逆押して、低地に流れ込む。大水が出ると洛東江の本流からも水が押し寄せてくる。さらに周囲の禿山からは雨水が一気に押し出してくる。

このように内外の水があい呼応して、たちまちに低地が湖になる。丘や禿山に囲まれている低湿地はいったん湖になると、水がなかなか退かない。このあたりの土は、一帯の赤い石が風化作用で崩壊してできた粒の大きい砂で、その重い砂が濁水に含まれて押し寄せてくる。流れがやや緩やかになるとこれが沈殿する。そのため洛東江の本流や支流は縁に近いほど砂がたまり、僅か

36　青柳種吉「回想　草分け当時の進永」福永良助「思い出」『進永誌　絆』第3号　進永会刊　昭和40年12月

だが勾配が高くなっていて、水自身が自分の出口をふさぐ土手をつくっているような形になっていた。水が退かないうちにまた、本流から第二次、第三次と水があふれてくるので、夏の間はこの一体は絶えず満水し悪水が溜まっていた。これが昔から東浦とよばれる一大湖水である。高地を除いては大部分が何もつくれない荒蕪地だが、洪水が引いた後には肥沃な土地となり、これを農民が耕作していた。

大韓帝国は外国人に土地所有を認めていないため、土地の有力者が村井の代理人となって買収交渉をした。だが、強引な買収や廉価で買いとろうとしたためか、買収に応じない者もいた。問題は、土地の買収だけではない。それまで低地の中を流れる注川で漁をやっていたが、これが禁止される。薪にするため、山の木を伐採してきたが、これもできなくなる。開発が自然条件を活かして自給していた生活慣行を壊そうとしていた。開発に反対する住民がいた(37)。

農場の開設

村井本店農林部は、土地買収が難しく自然条件も悪いこの低湿地帯に、なぜ、農場を開こうとしたのか。

吉兵衛は慎重だった。「今以て苦情続出すべき模様なるを以て　此の解決が満足に片付くまで

37　前掲李泳鶴「韓末日帝下　植民地の形成とその特質――村井進永農場を中心として」

ている。また、「解決まではこれに関し不安心なるを以て　壱円の出資をも見合わせ可申」——現地事務所にこう指示している。また、「最初が一番事業に心配多く　苦労多く　此の事が成功の基礎」になるとも書き送っている。[38]

東京の村井本店は、職員2人を漢城（京城）に派遣するとともに、現地事務所には、「解決までは投資を見合す事」を指示している。派遣された職員が統監府にどのような働きかけをしたのか、詳細は不明だが、「進永農場概要」（1926（大正15）年春改訂）には「その筋官憲の周到なる保護指導により今日あるを致せり」との記述がある。農地買収に大韓帝国政府か日本の統監府からか、何らかの圧力がくわえられたと推察できる。

吉兵衛も現場の視察とともに、「その筋」へ働きかけることも渡韓の目的だったのだろう、旅の間に多くの要人に面会している。有吉理事官や山根鉄道監との面会もそうした目的からと考えられる。宇野子はこれら「要人」と「ちょっと」お会いしたと、さらりと書いている。

土地買収や計画に目途がついたのか、視察から2年後の1907（明治40）年に工事に着手している。計画は壮大だった。「化物のような大河」の治水には、低平地に点在する大小の山や丘の谷あいに堤防を築いて洛東江からの水を防ぐ。禿山のようになっている山側にも堤防を築いて雨水が流れ込むのを防ぐ。低地を流れる注川には閘門を設置し、洛東江からの逆流を遮断する。水の流入を止めた後に、揚水ポンプで灌漑と排水をおこない、高地と低地をともに水田にする。

38　1906（明治39）年1月30日付　社長殿より国枝主任宛書簡「村井合名会社文書」

この揚水ポンプはイギリスから輸入する。このような計画だった。

京都の疏水工事を担当した技術者に設計・測量を依頼し、工事も富士川の堤防工事を担当した土木会社に依頼している。工事材料なども韓国内で調達が難しいものは日本で調達し、船を仕立てて送り出している。その荷揚げ地は、吉兵衛が視察した馬山浦である。

首府漢城へ

進永の視察を終えた宇野子たちは、京釜鉄道（釜山・草梁～漢城・永登浦間５８０㎞）で首府漢城（京城）へ向かった。途中、大邱駅で日本に向かう義和宮とすれ違っている。その見送りに在留日本人たちが幟をたてて見送っていた。幟には達府公立小学校、昌典小学校などの名があり、日本人教師がいたと宇野子は書いている。

大邱では１９０５（明治38）年に、日本人居留民会が寄付金を集め、民家を借りて小学校を開いている。粟田英三郎が校長兼教師になり、生徒38人でスタートしていた。駅に見送りに出たのはこの生徒たちだろう(39)。

39　三輪如鉄『朝鮮大邱一斑』杉本梁江堂　明44年。国立国会図書館デジタルコレクション

閔妃暗殺の現場

宇野子は、京城は朝鮮の首府で、また、漢城とも申しますと書いている。正確には、李氏朝鮮時代の首都は漢城で、京城は漢城府の別称として用いられた。「韓国併合」後の１９１０（明治43）年9月30日、朝鮮総督府は「地方官官制」で、首府漢城を「京城府」と改称している。李氏朝鮮時代の別称を総督府が首府名と改称したのである。表記は同じでも「京城」はその「意味」を変えていく。

宇野子は、「わが官憲」の案内で、昌徳宮や景福宮を見学している。景福宮は王妃閔妃が暗殺された宮殿である。国王高宗の妃閔妃は、日露戦争後、ロシアに接近して日本の勢力を排除しようとしていた。駐韓日本公使三浦梧楼らは、閔妃と対立関係にあった大院君（朝鮮国王の父）を擁立するクーデターを企て、日本の軍人、警察官、民間の壮士、日本人に訓練された朝鮮人訓練隊たちを王宮に乱入させて、閔妃を殺害した。景福宮はその現場である（23頁コラム参照）。

御殿は拝観できなかったが、その現場に足を踏み入れた宇野子は、ひどく荒れ果てており、庭は草が生い茂り、踏み分けるのも気味が悪いと書いてはいるが、案内した「わが官憲」が説明したのかしなかったのか、「事件」についてはまったくふれていない。

農商工部大臣権重顕を訪問

漢城では大韓帝国の権重顕《コンジュンヒョン》農商工部大臣邸を訪問している。農場を開く計画をもっている吉兵衛は、挨拶を兼ねて用地買収が進まないなかでの陳情と思われる。

権重顕は大韓運輸会社の三代目社長（1898年）をしていたが、「韓国併合」後は「朝鮮貴族令」（明治43年皇室令第14号）により子爵となっている。日本は、朝鮮貴族に日本の華族と同一の礼遇を保障し、公爵・侯爵・伯爵・子爵・男爵の爵号を付与している。1910年当時の朝鮮貴族は68人、権重顕子爵はその1人である[40]。

一行は、農商工部大臣邸でも歓待され、居間である舎廊房《サランバン》で葡萄酒や煙草のもてなしを受けている。宇野子だけは最も奥まったところにある夫人の部屋内房《アンパン》に案内されている。大臣に案内されながら、家屋の造りや部屋の様子をさりげなく観察して書き留めている。

龍山、「韓国駐屯軍総司令部」の駐屯地

漢城でのもう一つの訪問は龍山である。ここに日本の韓国駐屯軍総司令部があり、師団の兵営がある。日清戦争で大挙して朝鮮半島に出兵した日本軍は、戦争終結後も公使館守備隊が駐屯していた。また、漢城～釜山～元山間の電信線保護のためと称して日本軍が常駐していた

40　新城道彦『朝鮮王公族』中公新書　2015年

（1896（明治29）年6月、山県有朋特派大使とロシアのロバノフ外相との「議定書」）。

日露戦争の開戦後には新たに韓国駐箚軍が編成され、その総司令部が龍山に置かれていた（1904（明治37）年3月11日）。8月、韓国駐箚軍の編成が拡大されて、戦争の後方支援とともに鉄道敷設の任務も担っていた。この駐箚軍が「韓国併合」後に、朝鮮駐箚軍と改称されている。

宇野子一行は、龍山から韓国で最初に開通した京仁鉄道で仁川に向かっている。仁川には「理事庁」と「臨時軍用鉄道監部」が置かれ、本文29頁に書かれている線区の軍用鉄道を監理していた。その総監が三浪津で面会した山根少将である。

なお、宇野子の訪問の前年3月に、建設会社間組の創設者間猛馬もこの「臨時軍用鉄道監部」を訪れている。

京義線の終点　新義州へ

4月26日午前6時に漢城を発った一行は、同日午後4時44分に平壌に到着した。

平壌に向う車窓から、不毛地のような土地まで開墾されているのを見た吉兵衛は、買収中の土地も水害さえ防げれば耕地となると考え、改めて進永の用地取得の意思を事務所に書き送っている。農場経営に積極的に踏み出したのである。

4月29日午前7時に平壌を立ち、午後4時35分、新義州に到着した。目の前を流れる鴨緑江の対岸は清国である。一行は汽船で鴨緑江を渡っている。のちに鴨緑江に鉄橋が建設されるが、工事は清国の承諾なしで進められた。清国が承認したのは1910（明治43）年4月の「日清覚書」の時である。

この清国へ向かう車中で「天津の人　厳知宗」「湖南の人　范源廉」の2人に会い、同行している。

安奉線の旅

清国の安東県に入った。一般には清国入国には入国手続が必要で、国内の移動には所轄の警察発行の証明書の提示が求められる。宇野子は何も書いていないが、最恵国待遇となっていた日本人の入国手続きは簡単に終わっている。

安東と奉天を結ぶ安奉軽便鉄道（安東―奉天間）の旅が始まった。この鉄道は、当初、日露戦争での兵站を確保するため、軽便鉄道（安東県―通遠堡間）として計画されていた。これを建設したのが、あの佐渡丸で生き延びた臨時軍用鉄道監部である。

この時の路線は黒坑越えである。2段のスイッチバックに加え、急カーブ・急勾配が連続した難所だった。鶏冠山の北で東の峠を越えて雪裡方面に向かっていた。軌道は762ミリである。宇野子が乗ったのは表紙の写真にあるように、2トン積み貨車の両側壁の上部にガラス窓を作り、腰掛をつけた特別待遇の上等車である。普通車は石炭などを積む無蓋貨車だが、それでも軍の許可がないと乗ることができなかった。

1909（明治42）年6月には、経路や標準軌道への改軌等が閣議決定され、鶏冠山～秋木荘間のルートが大きく変更されている。改変された新線は北に向かい、鶏冠山隧道（992メートル）、黒坑隧道（459メートル）

安奉線軽便鉄道

を潜って秋木荘に至るルートとなっている。

1911（明治44）年11月1日以降は安奉鉄道全線に標準軌の列車が運行されるようになり、釜山から奉天まで国際標準軌道の鉄道（京釜線～京義線～鴨緑江鉄橋～安奉線）でつながっていく。これが満鉄本線とともに日本の「満州経営」の主要幹線となっている。

宇野子は改変でなくなった駅名、地名、途中で2泊した鳳凰城駅、橋頭駅の緊張した情景を書き留めている。これは隧道ができる前の旧線に乗車した珍しい記録である。

軍隊の許可をもらって

安奉線は軍用鉄道である。民間人である宇野子一行が乗るには、軍隊の許可が必要だった。野戦鉄道提理部は「野戦鉄道普通輸送規定」（1905（明治38）年10月31日）を定めて民間人の利用を認めていた。翌06年4月1日には、陸軍臨時軍用鉄道監部が管理する安奉鉄道も「安奉鉄道普通輸送規定」を定めて、民間人や外国人の乗車を認めている[41]。

宇野子たちは「規定」ができた直後に乗車している。途中、どのような危険に遭遇しても責任はもたないと言い渡されていた。ある西洋人が「造った人も人だが、乗る人も人だ」と評した車両だが、それでも午後6時に、無事、鳳凰城に到着した。新義州へ向かう車中で知りあった二人

41　前掲井上勇一『鉄道ゲージが変えた現代史　列車は国家権力を乗せて走る』

の清国人とともに、一行6人は鉄道班官舎に一泊させてもらった。

終始ヒヤヒヤ

5月2日早朝、鳳凰城を発車した。途中の鶏冠山～荒地嶺の路線は険しく、最も勾配のきついところでは1000分の25の急坂を上下していた。日本の山岳鉄道の勾配である。宇野子は終始ヒヤヒヤし、肌は粟だち、心休まることがなかったと記している。

同日午後9時、ようやく橋頭駅に到着した。守備隊の兵舎まで途中1000mほどあり、「20～30人規模の馬賊の一隊が襲ってくる事がある」と言われて、鉄道班官舎の6畳敷きの部屋で雑魚寝している。途中の太子河上流の渓谷に雪がみえたほどで、部屋は寒かった。

5月4日午前9時、橋頭を出発した。途中、念仏橋、阿

1905（明治 38 年）、建設中の日本女子大学豊明館にて
後列左から、成瀬仁蔵、広岡浅子、村井吉兵衛、塘茂太郎。前列左から、久保田譲、森村市左衛門、森村菊子、大隈重信、西園寺公望。

弥陀橋などという橋があった。脱線事故が多発し危険なところが多く自然に念仏が口をついてでるので、このような名前になったという。宇野子たちの乗った列車も荷物を積んだ車両が脱線したが、大事にはいたらなかった。

西園寺公望侯爵一行に会う

本渓湖駅に着くと首相西園寺公望侯爵の一行が昼食を取っていた。4月14日から密かに満州を視察していたのである。総理の外遊という前例がないため、大蔵次官若槻礼次郎に満州視察を命じ、その随員に外務省山座政務局長をつけて、これにまぎれてのお忍び満州旅行だった。

お忍び旅行中の西園寺首相に、吉兵衛が出向いて挨拶している。二人の関係を知ることができる写真がある。吉兵衛、西園寺や日本女子大学の創立者成瀬仁蔵や大隈重信などと並んで写真におさまっている。同大学の評議員もしていた吉兵衛は、西園寺と顔見知りだった。なお、この時同席していた大隈重信の早稲田専門学校には、後に「校寶」となるほど多額の寄付をしている。(42)

軽便列車で奉天駅へ

奉天についた時は夕刻になっていた。奉天では歩兵第二七旅団長の藤本太郎少将を訪ねている。

42 『早稲田大学　校寶名鑑　早稲田を支えた人々』早稲田大学校寶名鑑編集委員会編集発行　2002年

その後、市内見物をした宇野子たちは、午後には奉天市城外にある北稜に見学に出かけた。2里（約7・9キロ）ほど離れた北稜への途中には馬賊の砦があるからと、藤本少将が2名の護衛兵をつけてくれた。吉兵衛は、旅団長からこうした「便宜」を図ってもらえる「関係」にあったということである。

それにしても、「馬賊の砦」があることを知りながら、2名の護衛だけで城外へ繰り出していく宇野子も度胸がある。

物流の集積地　鉄嶺

鉄嶺駅は、ロシアとの鉄道利権の境界点に近い。遼河に近く、倉庫群があり、物流の集積地である。日本軍は、軍用敷地としての倉庫管理を民間に貸与していた[43]。

鉄嶺の先の昌図までの南満洲鉄道支線は、日露戦争中に野戦鉄道提理部が広軌から狭軌に改軌したので日本国内の車輛が使用できた。日本の鉄道経営権は「日露講和条約」「日清満州前後条約」で、さらに昌図より北の「寛城子（長春）」まで認められて、改軌をおこなっている。

米英はこの軍用鉄道を民政、民営へ移行するよう求めており、日本はこれを南満洲鉄道株式会社（満鉄）へと引き継いでいく。なお、吉兵衛は旅から帰った後に、南満洲鉄道株式会社の設立

43　谷壽夫『機密日露戦史』原書房　昭和41年

委員に就任している。

南満洲支線で大連へ

5月8日、「東清鉄道南満洲鉄道支線」（長春〜旅順間）で一行は遼陽へ向った。遼陽ホテルに泊り、翌9日午後6時29分には大連へむけて出発した。車中泊をしながら大石橋、遼東半島の普蘭店駅を経て租借地の関東州域内に入った。

10日の午後12時50分に大連に到着している。18時間の旅だった。軍用列車のためか、何の検査もなかった。後に、中華民国政府は、旅行者が奉天方面から関東州内に入る際には、普蘭店以南の車内で禁制品などの検査をおこなっている。

大連でも軍用倉庫長日疋《ひびき》信亮《しんすけ》（第四軍兵站経理部長）少将に招かれて、兵士が催した芝居見物をしている。宇野子たちがなぜ、兵站の要の軍用倉庫長に面会しているのか、吉兵衛が事業上の目論みがあったと思われる。

旅順へ　二百三高地にのぼる

5月13日、旅順に向かった。車窓から見える戦跡、墓碑、地形、地名などを書き留めている。

旅順手前の水師営まで行くと、椅子山や二百三高地などの頂が見えた。

日本軍が二百三高地を占領（1904（明治37）年12月5日）してから1年4か月あまり、一行は激戦地二百三高地に登って、停戦から10か月後の戦闘現場の映像を残している。二百三高地にはまだ血と脂がにじみでており、石油でも流したようだったと宇野子は書いている。その中を歩き、釜山で買ったカメラで吉兵衛は散乱する遺骨を写真に収めている。なお、満鉄時代になると要塞地区の立ち入りが厳しくなり、無許可の写真撮影は禁止されている。

営口と河北

5月16日午後四時二十分、旅順を発った宇野子たちは、車中泊をしながら関東州を抜けて大石橋で狭軌に改軌された営口線に乗り変えている。この時、大石橋から仙波少将が同乗してくる。翌日午前9時、遼河岸の営口に着いた。ここは満州地区と清国関外の区域境である。遼河の西側は中立地帯となっていた。

1858（安政5）年6月、清国は露・米・英・仏と条約（天津条約）を結び、牛荘に港を開いた。開港地は牛荘だったが、港は水深が浅く、商港に不適なため、遼河河口の営口に外国人の居住地、貿易のための港が開かれていた。各国の領事館や新旧税関も営口に置かれていた。日本の横浜正金銀行も出張所を１９００（明治33）年1月に開いていた。
ここでも宇野子たちは軍政署から軍用馬車を借りて、護衛付きで牛家屯に向かっている。ここは牛荘旧市街の湿地帯を開墾してつくった新市街で、営口〜牛荘間約6キロの道は護岸工事や洋式道路工事による軍用道路ができていた。この道を、宇野子たちは軍用馬車で走っている。[44]
なお、ここで同行していた湖南の人范源廉と天津の人厳智宗と別れている。

旅団長と同道

営口の河岸には数限りないジャンクがつないであった。宇野子たちは、仙波少将の差し回してくれた小蒸気船に添乗して遼河を渡っている。仙波少将は第16師団隷下の初代歩兵31旅団長である。営口はその守備地域だった。宇野子たち一行がこの地域を安全に通過するために旅団長自らが同行したのではないか、偕行文庫史料課の屋代宣昭氏はそう推測している（２０２０年9月談）。

その船がジャンクに衝突して、宇野子たちは九死に一生を得た。ようやく対岸に着いたが混乱していたためか、宇野子はここを営口と書いている。対岸は清国中立区域の河北である。北京方面へ向かう河北線（河北〜溝幇子）の始発駅、河北停車場である。

44　大山梓「日露戦争と営口占領」日本国際政治学会『国際政治』1966巻31号、1966年

漱石も滞在

宇野子は営口について詳しいことは書いていないが　漱石がその光景を書いている

「サンパンと云う船が此処彼処《ここかしこ》に浮かんで形に合しては大き過ぎる位な帆を上げている。帆の裏には細い竹を何本となく横に渡してあるから、帆に角《かど》が立つのみか、巻き揚げる時にはがらがら鳴る。日本では見られない絵である。その間を横切って向岸に着いた。向岸には何もない。ただ停車場《ステイション》が一つある。北京《ペキン》への急行が出るとか云うので、客が沢山列車に乗り込んでいる。下等室を覗いたら、腰掛も何もない平土間に、みんなごろごろ寝ころんでいた。帰りにはサンパンに乗って、泥の流れを押し渡った。風が出ると難儀だそうである。春の始めには山の様な氷が流れてくる。先が見えないので、氷と氷の間に挟まれると命を取られる。

（中略）

サンパンは妙な処へ着いた。岸は蘆《あし》を畳んで出来ている。石垣でなくて蘆垣である。こうしなければ水の力で渫《さらわ》れる恐れがあると云う。蘆は幾何《いくら》でも水を吸い込んで平気でいるから無難だと見える。細い小路を突き抜けると、支那町の真中《まんなか》に出た。(45)」

45　前掲『漱石紀行文集』 115 − 116 頁

天津：女学堂を視察

漱石は営口で引き返しているが、宇野子たちは対岸の河北（清国中立区域）に渡り、河北線で溝幇子に着くと、そこから京奉線で山海関に向かっている。山海関は清国領である。本来入国手続きが必要であるが、日本人は最恵国待遇であるためか、内外に出入りする商品の検閲を行い、課税の関に過ぎませんと書いている。途中、万里の長城を見学し、20日午後には天津に到着した。営口で別れた厳智崇氏に連絡して、翌日、彼の案内で「家庭学校」を参観している。宇野子は「家庭学校」としか書いていないが、ここは厳氏の父厳修が起こした女学塾で、天津「女学振興の起点」といわれた学校である。厳修は中国に新式教育制度を導入し、女子教育がゼロに近い中国の現状を変えようとした人物である。[46]

厳修、「女塾」を創立

孫長亮の研究によれば、義和団事件（庚子事変1900～1901年）の後、厳修は2度にわたって日本を訪れている。1902（明治35）年9月の来日時は、視察先で校長などの責任者に面会し、幼稚園や女子学校の設置、運営費用、学校の規模、教職員構成、生徒人数、課程設置、

46　孫長亮「清末中国における日本女子教育の受容――単士厘、厳修、張謇の日本視察に着目して」『岡山大学大学院社会文化科学研究科紀要』第46号2018年

授業、授業方法などの話を聞いている。授業の内容や保母や教師たちの教え方にも興味を示していた。

9月2日、愛珠幼稚園を参観している。この幼稚園は1880（明治13）年6月1日に創設された定員180名の幼稚園である。唱歌、遊戯、内遊び、外遊び、積み木、説話等の科目が設置されていた[47]。

9月3日は、最初の東京府立の高等女学校である清水谷女学校を参観している（1900年（明治33年）4月24日創立）。校長大村忠次郎が理科、英文、数学、図画、裁縫を教える各教室を案内している。

9月16日は富士見小学校を参観している。

9月19日午後、女子高等師範学校、現在のお茶の水女子大学を参観した。1890年（明治23年）3月に設立された官立の中等学校女子教員養成機関で、学生数は本科280名、年齢17歳―22歳、学業年限は4年（3年半学習、半年実地演習）である。学生は全員、寄宿舎に住み、日曜日にしか外出を許されない。毎日5時起床、掃除、洗面、6時朝食。8時～16時半は授業、17時入浴、17時半夕食、夜は自習、22時就寝――このように日課が規定されている。

この日、厳は、英文、家政、技芸、裁縫、習字、裁縫、地理国史、国語本科、化学、図画、物

47　菅野正「大阪愛珠幼稚園・北野中学校を参観した清国人」奈良大学史学会『奈良史学』Vol25号　2007年

理（空気圧力実験）の授業を参観している。授業参観後は博物館、図書室、家庭礼儀教室（料理室付き）、自習室（280人収容可、机ごとに電灯付き）、体操場（野球）、寄宿舎（1室に7人）、医局（毎日2人の医者勤務）、病室、談話室、食堂などを見てまわった。

2か月にわたって精力的に教育事情を視察した厳修は、天津に戻ると自宅で家塾を開き、日本の女子教育を参考にした女子学堂の創立準備にとりかかった。12月17日、厳氏女塾が創立された。これが天津の女学振興の起点といわれている。

開塾初期、生徒は主として厳氏の家族の女子であり、親戚や友達の家族だった。年齢は10歳から20歳ぐらいまで、授業科目は国文、英文、算数、音楽のほか日本語、手工芸、裁縫、紡績などの科目もあった。当時、中国では女性教師がほとんどいないので、日本から3人の女性教師を招いている。

「吾国の女子は悲しい」

1904（明治37）年の2度目の来日時には、息子の智崇も同行している。この時は日本の学制に重点を置いて視察を行い、文部省の講座に10回参加しただけでなく、師範付属小学校の参観学習会にも7回参加し、興味深い授業は1回だけでなく何回も参観学習している。なかでも女生徒授業の様子を多く参観した。日本の女子教育を羨んで、「吾国の女子は悲しい」と感嘆したという。

6月21日、共立女子職業学校（1886年（明治19年）創立）を視察している。学校は甲、乙両科に分けられ、職業は裁縫、編物、刺繍、造花、図画、計五科である。甲科生は2科、乙科生は1科を選ぶ。甲乙科のほか補習科と料理科も設置されている。このほか、5つの学科（修身、国語、算数、家事、理科）がある。術科と学科を学習する者は本科生、ただ術科だけを学習する者は選科生である。厳は、刺繍、造花、図画の室、裁縫室、料理室も見学している。料理室では老人が漬物をまな板に置いて切り方を教えていた。

6月25日には吉兵衛が評議員をしている日本女子大学を参観した。大隈重信に紹介されて訪問した厳は、成瀬仁蔵校長から大学の概要、運営について話を聞き、各教室や寮舎を見学している。

2度の日本視察を通じて「明治維新後、日本が一躍世界の強国となったのは、西洋の科学と教育制度を学んだからだ」と考えた厳は、男子教育、女子教育、学齢教育、学齢前教育をともに重んじる教育制度を改革し、積極的に女子教育事業にかかわっていく。

また、幼児教師を養成するため、専門的な保母講習所を設立し、教育実習のための蒙養院も付設した。4〜6歳の子ども30名ぐらいを募集し、毎日午前9時から11時半までが活動時間である。

これが天津の幼児教育の始まりである。

1905（明治38）年には、厳氏女塾を「厳氏女学」と改称し、修業年限を7年（初等4年、高等3年）に変更し、従来の授業科目に加えて物理、化学、歴史、地理、図画などの科目を置いている。

大野鈴子の授業

厳は視察の過程で、下田歌子（華族女学校校長）、伊沢修二（教育家）など多くの日本人の友人をつくっている。その一人、大野鈴子を招聘して保母講習所と蒙養院（のちに幼稚園と改称）の授業を担当させている。

大野鈴子は保母講習所で保育法、音楽、ピアノ、体操、遊戯、手工などの科目を担当した。大野は丁寧にピアノを教え、受講生は卒業時には少なくとも行進曲を弾け、中には難しい曲を弾ける者もいた。大野は半日授業し、半日は実習の場でもある蒙養院で指導している。最初に自分でピアノを弾いて手本を見せ、唱歌や遊びを教えた。その後、受講生はそれを子どもに教え、大野はそばで指導した。蒙養院の設備、ピアノ、オルガン、児童の机、椅子、教具などは、どれも日本から購入したものである。宇野子一行が参観したのがその授業である。

大野の保母講習所から卒業した者の多くは、厳氏蒙養院、天津河北蒙養院、京師第一蒙養院、私立朝陽蒙養院及び厳氏女学、官立第一・第五小学堂で教職に就いた。当時、幼児教師が極めて足りない中国で、こうした教師の養成は幼児教育の発展に大きな貢献をしたと評されている。このほかにも天津公立女学堂（1904（明治37）年）、北洋高等女学堂と官立女子小学堂（1905年）、京師女子師範学堂（1908年）など、多くの女子学堂を創設している。

もう一人の同行者范 源濂

もう一人の同行者范源濂との再会はなかったが、范氏もその後、多くの教育事業に取り組んでいる。辛亥革命後の1912（明治45）年1月、中華民国が成立（臨時大総統　孫文）した後、范氏は教育総長をつとめ、教育制度の整備をおこなった。「学制令」、「小学校令」、「師範学校令」、「女子中学章程」、「大学令」、「専門学校令」など一連の条規を整備し、中華民国における近代教育を導き、のちに北京師範大学校長に就任している。

木村よし子、服部繁子を訪問

宇野子は、北京でも精力的に名所を訪ね歩き、北京在住の日本人を訪ねている。その一人木村よし子の案内でラマ教の宮殿を訪ね、淑範女学校を訪問している。

また、服部繁子（1872（明治5）〜1952）の案内で愛新覚羅載澤の妃殿下に謁見している。繁子の夫宇之吉は、1902（明治35）年、明治政府から派遣されて中国の最高学府の京師大学堂師範館（現北京師範大学）の総教習の職についていた。

名所を訪ね歩き、在住の日本人に会った後、宇野子は28日午後9時30分発の京漢鉄道で漢口に向かった。

漢口の日本人居留地

京漢鉄道の直通列車は1か月前に開通したばかりだった。しかも毎週、月曜日しか運航していない。イギリス仕様で軌間は標準軌道の1435㎝、牽引機、車両ともに日本国内の使用車より大型で、個室も組み込まれていたと思われる。宇野子たちは車内で2泊し、30日午前9時に漢口に到着した。旱魃なのか、車窓からは麦畑の麦が枯れているのを見ながら車内で過ごしている。

内地商業の中心である漢口には、外国人居留地があり、イギリス人やベルギー人などが活発に活動していた。中でも英租界面積（18万9000坪）は、1861（文久1）年に設立されており、漢口の各国租界の中でも最も枢要なる地点を占めており、金融、貿易の諸機関がここに集まっていた。中国に租界をもっている国は、英、仏、伊、日、ベルギィーの五ヶ国だが、宇野子はベルギー人が活発に活動していたと書いている。なお、米国は単独の租界をもたず、わずかに上海の共同租界に参加していた。

日本租界は1898（明治31）年に設立されていたが、その面積は12万4000坪で、整備中だったが、三菱合資会社が石炭の輸入販売を手がけていた。(48)

吉兵衛は活気溢れる街を見て歩きながら、起業を考えていたのか、帰国するとすぐに漢口に製粉会社を立ち上げている。漢口では三井物産の小蒸気汽船を借りて武昌に渡り張之洞氏のおられる「銅貨幣局」の見学に向い、途中、日本へ行く途中の米国人と出会っている。

揚子江を下る

夜、大阪商船会社の汽船大福丸で揚子江を下って、約600キロ下流にある上海へ移動している。この揚子江航路は、日露戦争中にも確保すべき外国航路と見なされた重要航路であり、また、危険性の高い航路の一つと見なされていた。日本は漢口～上海～長崎間の航路を軍事上も対清国上でも重視していた。この揚子江航路を下って6月2日午前には南京に到着している。

領事館まで4里ほどの道は人道、車道に分かれ、楊柳などが植えられていたと宇野子は書いて

48　畠山秀樹「三菱合資会社上海支店の事業展開」追門学院大学 2012 NII-Electrinic library Service

いる。

上海——村井たばこ工場があった街

6月4日午前11時、上海に着いた。上海にはかつて（合）村井兄弟商会が支店を開設していたこともあって滞在は6日間に及んだ。その間、横浜正金銀行や三井物産の支店などを訪問している。株式会社横浜正金銀行（通称正金）は、日本の特殊銀行で１８９３（明治26）年5月15日に上海に出張所を開設していたが、１９０１（明治34）年1月には支店に昇格していた。

翌5日の夕刻、宇野子たちは三井物産の小蒸気船を借りて蘇州見学に出かけている。この小蒸気船を大同汽船会社の汽船に曳かせて揚子江本流を航行し、程家宕からは小型蒸気船で望虞河の水路で遡上して蘇州に到着している。蘇州を見学し、寒山寺では消失した「月落の詩」の碑を惜しんでいる。

宇野子は、揚子江下りの旅でも三国志の「赤壁の賦」（蘇軾作）を思いおこし、南京では阿倍仲麿が三笠山を詠んだ句碑や漢口では鴨長明の方丈記などにも思いをいたしている。

7日夜には上海に戻り、山本条太郎三井物産支店長から晩餐に招待された。山本は、宇野子たちと会った直後に帰国し、同社の理事になっている。後に常務取締役を務め、満鉄総裁に就任している。

上海でも交友を深めた一行は、９日正午12時30分、長崎に向けて出発した。海は穏やかで、体も慣れたせいか宇野子は船酔いもしてない。11日午前２時、長崎に到着、検疫が終わって午前８時に上陸した。長崎に上陸すると気が緩んだのか、その行動は書き留めていない。

新橋までは長崎から長崎本線で鳥栖に向かい、そこから鹿児島本線で門司に到着すると連絡船で馬関（下関）に上陸する。馬関から山陽本線で京都に着いたのが13日、15日の夜には京都を発って16日午前９時、たくさんの土産をもって新橋停車場に到着している。

約８７００キロにおよぶ宇野子の旅が終わった。

自動車夫人——活躍する宇野子

初めての大旅行だったが、激しく動く東アジアの現状を見て歩いた後、宇野子はその見聞をどのように活かしていったのか、同志社女子高校で話をしたなどの記録はあるが、その後も活発に活動していた。新聞記事がその一端を報じている。

『都新聞』（１９０９明治42年８月27日）の記事に「自動車夫人　上流の流行」との見出しの記

事があり、ここに宇野子の名前がある。

同記事によると日本に自動車を輸入して実際に使用したのは明治37年、三井男爵がフランスから輸入したのが最初だった。その後、有栖川宮が欧州からの帰りに買い入れ、引き続き、大隈重信、大倉喜八郎、日比谷平左衛門などが漸次、輸入乗用し、現在、自家用車は41両、外に陸軍軍用車、会社、工場等の営業車などをあわせると64両になっている。

近年は、上流夫人の間でもよくこれを利用している者もいる。いま、交際社界で常にこれに乗って駆け回っている、いわゆる自動車夫人がいる。その中に、村井吉兵衛夫人宇野子40歳、渋沢男爵夫人かね子55歳、大倉喜八郎夫人久美子31歳などの名前がある。


多くの団体に所属し、社会活動をしていた宇野子は、自動車に乗って活発に動いていたのだろう。「自動車婦人」の宇野子は、東洋婦人会の理事をつとめているほかにも大日本婦人教育会・赤十字社篤志看護婦人会・愛国婦人会・陸海軍将校婦人会・帝国海事協会婦人部・東京慈恵会・真宗大谷派婦人法話会などの活動にもかかわっていた。

なかでも女子教育に関心が深く、下田歌子、三輪田眞佐子、跡見花蹊、棚橋絢子などと交流があり、東洋女塾講和会、日本女子大学校、女子英学塾、山脇高等女学校、女子商業学校、女子音楽園、東京女子学園など多くの女子校に寄付をしていた。

宇野子の死

1915（大正4）年、夫吉兵衛が勲三等瑞宝章を授与された。大正天皇の御大典の時には、京都円山公園横に新築した長楽館（明治42年9月）でこの式典に参列する要人の接待に忙しく立ち働いていた。過労からか11月末頃に体調を崩した。急性腎臓炎を起こしており医者から回復の見込みがないことを告げられた。宇野子は病状が落ち着くと看護や手伝いの者を枕元に呼び寄せ、日ごろの厚情に礼を述べている。

追悼集『卯の花』によると、暮れも押し詰まった28日、近親者が詰めかけている中でうつらうつらしていた宇野子が突然、目を開き「われはいま、高野の御山の奥なるいと静かなるところに臥し居たりし」と話し、仏の名前を何度も唱えた。これまでも高野山にはよくお参りに行っていた宇野子は、御山に抱かれている夢を見ていたのだろう。

31日は心地よさそうに、世の中はおもしろきもの、生きてもよし、死にてもよしなどと話していたが、夜半に容態が急変し、翌年1月1日朝4時息をひきとった。46歳、数え47歳になったばかりだった。

葬儀は1月9日、浅草本願寺の別院で行なわれた。新聞の告知には、喪主の娘婿弥吉、親戚が名を連ねている

「男　村井弥吉
親戚総代　村井貞之助、村井真男、村井五郎、子爵三島弥太郎　男爵真木長義　坂田幸三郎」

共に村井兄弟商会を支えてきた貞之助、眞男そして、吉兵衛の義妹キミと結婚入籍していた五郎、弥吉の兄三島弥太郎（日本銀行総裁）、五郎の実父で明治の勲功華族真木長義、貞之助の兄で、キリスト者として『日本のキリスト教児童文学』（国土社）やフレーベル著『母の遊戯及育児歌　上（歌及図解）』（出版元　頌栄幼稚園明治30年）の翻訳などを手掛けていた坂田幸三郎が親戚総代として名を連ねている。

奉仕活動など社会活動をしていた宇野子の葬儀には、数千人が参列した。遺体は鶴見の総持寺に埋葬されている。

追悼集『卯の花』

同年5月に宇野子の追悼集『卯の花』が刊行された。それに吉兵衛と親交のあった子爵金子堅

太郎が序文を寄せている。堅太郎の妻弥寿子も宇野子の後をおって死去しており、宇野子と交りがあり「互に敬慕しつつ」あった妻にかわって序文をよせた金子は、吉兵衛と「断腸の情」を共にしていたのである。

『卯の花』には、宇野子の朝鮮・清国の旅行記のごく一部、欧米漫遊記、和歌三百余首や習字を得意としていた宇野子の書いた色紙も収録されている。

吉兵衛は、共に暮らした四十余年、またたくまに過ぎ去った歳月を追想すると、悲痛が身に迫る思いがすると、その気持ちを詠んでいる。

我れをおき　母をのこしてただ一人
かへらぬ旅になどいそぎけむ

長楽館（京都）

村井銀行や進永村井農場など一連の村井吉兵衛が起こした事業は、昭和恐慌の波にのまれて銀行が休業するとともに倒産していった。今、吉兵衛や宇野子が手掛けた事業は残っていない。

だが、石油を掘削していた時に温泉が出た北海道の豊富温泉は今も湧出している。京都円山公園に隣接する迎賓館だった長楽館は現在、カフェ・レストランとなっている。永田町邸宅の一角にあった洋風建物（倉庫）は都立日比谷高校の一隅に残され資料館となっており、山王荘と呼ばれた日本家屋は比叡山延暦寺に移築され大書院として現存する。

資料館（旧山王荘倉庫）外観

★宇野子、60日間蒸気機関車の旅——高い鉄道技術と利権拡大

奥田　豊己

宇野子の日記を手にした時、少なからず興味を引かれました。判別しにくい筆文字の中に京釜鉄道、嶺南鉄道、安奉鉄道、人車鉄道等が記述されていたからです。鉄道が敷かれて、新橋、下関間に列車の運転が始まっていました。国内から朝鮮半島、日露戦争停戦直後の満州地区、清国山海関内外地区、そして清国最長区間の京漢鉄道、さらに揚子江下り、と続く宇野子の移動距離は長大でした。当時鉄道利権を巡って列強各国の駆け引きの盛んな時期での旅行記でした。

私は国鉄時代に蒸気機関車の乗務経験があり、機関車列車の運行、管理、機器の扱い方の複雑さを経験していましたから、この文章からいろいろに想像ができました。

宇野子日記には乗客としての視線からの鉄道に関する記述が数多くあります。記録性は少ないですが、出発日時・時刻・到着時間などから区間速度などが推定できます。宇野子の乗った列車は全て蒸気機関車です。蒸気機関車の1継続距離（休まずに走ることができる距離）は国内の優等機関車で、１００㎞が限界です。これに機関士・助士の就労条件も重なります。

初期の安奉線のように、スイッチバック急勾配の軽便鉄道を小型機関車で運行する継続距離は、30～50㎞が限界と思われます。安奉線３００㎞を走行するには、何度も機関車交換をしなければなりません。乗務員も同じです。

『明治卅七　八年戦役　陸軍政史』（陸軍省編纂）には、機関車82両を準備完了したと記録されています。宇野子の60日間の鉄道移動に大きなトラブルはなく、日程を大きく変更した様子もありません。当時各地域で任

務に就いていた鉄道関係者のレベルの高さを感じます。

日露戦争の停戦条件の争点が鉄道であり、鉄道施設に附随する諸条件は、「沿線警備」に始まり、「租借地」「関連施設」等の利権拡大を伴い、帝国の版図拡大に利用されていました。

外地、戦地、植民地等に敷設していく「鉄道技術」は蓄積されて、その後のアジア太平洋戦争で泰緬鉄道建設に使われていきます。安奉鉄道での労務動員は記録されていませんが、泰緬鉄道では「機材不足」を多くの連合国軍捕虜とアジア人労働者（ロームシャと呼ばれていた）で補って、多くの犠牲者だしたことはよく知られています。

映画「戦場にかける橋」に描かれた日本軍の鉄道技術の描き方は誤解を呼ぶ場面があります。それまでに充分な経験、体験を経ていた日本軍の鉄道隊は、事前に泰緬鉄道の測量図、高低図などを残しています。ではなぜ、多くの犠牲者を出したのか、それについては「泰緬鉄道　犠牲と責任」（共著『大阪経済法科大学　アジア太平洋研究センター年報』第16号　２０１９）に、書きましたので、参考にしてください。

鉄道の主目的は常時運行です。泰緬鉄道も本数や時間は不明ですが、泰緬鉄道機関士の中原金蔵さんは敗戦時までビルマ戦線の敗残兵を何回も運んだと話しています。なかでも最大の難所三塔峠を越える運転経験を、失敗も含めて話されていました。これからの国際社会で鉄道がかつてのような軍事行動、侵略の先兵となることはないと思います。

現在の日本国内では国鉄の分割民営化により、地域格差が大きな問題となっています。鉄道技術は繁栄、安定を伴いながら進化すべきだと考えています。

経歴：１９４１年　東京生まれ。大宮鉄道学園第10期機関士科卒業。
国鉄機関士。国鉄労働組合東京地方本部機関車協議会　東京乗務員会会長を務める

主な参考文献・資料

未刊行資料

*「村井吉兵衛事蹟」 大正3年
*「社長事蹟」 大正4年
*「村井家事業圖譜」 大正4年
*追悼集『卯の花』 編集兼発行人伊藤良喬 大正5年 早稲田大学図書館蔵
*大日本教育映画協会撮影フィルム『ティーパーティ 第6回F.E.A.T.M.(極東熱帯医学会議)代表委員夫人たちを招いた園遊会』 大正14年10月12日 7分50秒 1925
*村井合名会社「大正15年春改訂 村井農場説明書」
*増尾信之『本邦オフセット印刷の開拓者 中西虎之助 日本平版印刷発達史』 昭和31年
*石井寛治『日本の産業革命 日清・日露戦争から考える』 朝日新聞社 1997年
*井上熊次郎編『第五回内国勧業博覧会案内記』 考文社 明治36年
*井上忠男『戦争と国際人道法 その歴史と赤十字のあゆみ』 東信堂 2015年
*大渓元千代『たばこ王 村井吉兵衛―たばこ民営の実態』 世界文庫 昭和39年
*大橋清三郎・川端源太郎・三輪信一編輯『朝鮮産業指針』 京城:開發社 大正4年
*株式会社安田銀行六十周年記念事業委員会『安田銀行六十年誌』 昭和15年
*神田孝一「煙草製造官業創設卅年回顧 工場管理事蹟の発展」『専売協会誌論文集――たばこ史 先賢の足跡』 財団法人たばこ総合研究センター 平成元年
*國雄行『博覧会の時代:明治政府の博覧会政策』 岩田書院 2005

＊桑谷定逸「煙草大王＝村井吉兵衛の事」『富豪の面影』實業之日本社　明治35年
＊佐々木善次郎「煙草講話、製造篇（第十一回）」『専賣協会誌論文集――たばこ史、先賢の足跡』たばこ総合研究センター　平成元年
＊専売局編『煙草専売史』第1-3巻　専売局　1915年
＊孫長亮「清末中国における日本女子教育の受容――単士厘、厳修、張賽の日本視察に着目して」『岡山大学大学院社会文化科学研究科紀要』第46号　2018年
＊田口冨吉『民営時代　たばこの意匠』社団法人専売事業協会　昭和49年
＊たばこと塩の博物館『ポスター　I』財団法人たばこ産業弘済会　昭和62年
＊たばこと塩の博物館『たばこカード』財団法人たばこ産業弘済会　平成9年
＊たばこと塩の博物館編集・発行『明治のたばこ王　村井吉兵衛』2020年
＊朝鮮総督府編纂『大正5年　最近朝鮮事情要覧』大正5年
＊朝鮮総督府臨時土地調査局『朝鮮土地調査事業報告書』大正7年
＊鄭在貞著・三橋広夫訳『帝国日本の植民地支配と韓国鉄道　1892-1945』明石書店　2008年
＊鉄道省運輸局編纂『大正十四年　汽車時間表　附　汽船　自動車発著表』翻刻版発売元日本旅行文化協会　大正14年
＊原象一郎『朝鮮の旅』巌松堂書店　大正6年
＊藤井淑禎編『漱石紀行文集』岩波文庫　2016年
＊柳田国男『明治大正史　世相篇』中公クラシックス　中央公論新社　2001年
＊吉田光邦編『図説万国博覧会史：1851-1942』思文閣出版　1985
＊陸軍省編纂『明治卅七、八戦役　陸軍政史』湘南堂書店　昭和58年
＊早稲田大学校賓名鑑編集委員会編『早稲田大学校賓名鑑――早稲田を支えた人々』早稲田大学　2002年

おわりに

古びた旅行鞄から村井家用箋に毛筆で書かれた記録「六十日間　旅行の経路及び概要」が見つかった。村井宇野子が１９０６（明治39）年に朝鮮・清国を旅した時の記録である。夏目漱石の紀行（『満韓ところどころ』）は有名だが、宇野子はそれより3年5か月も前、日露戦争が終わった直後にこの地を旅していた。

村井吉兵衛関係資料を調査していたアーキビストの川田恭子さんとパソコン入力作業を始めたが、達筆なだけに解読は容易ではなかった。朝鮮近現代史研究者の宮本正明さんに難解な個所の解読をお願いして作業をすすめた。ようやく全体像が見えてきた時に、梨の木舎の社長羽田ゆみ子さんが、明治期の日本人女性の旅行記は少ない、「本にしましょう」と提案してくださった。

「たばこと塩の博物館」の学芸員で日本近現代史を研究する青木然さんに、全文を読んでいただいた。青木さんは原稿を見て「これは男性の字ですね」という。宇野子の記録ではないのか、疑問は追悼集「卯の花」を読み返して解けた。

宇野子は旅の間、鉛筆でメモを取っていた。この数冊の冊子を帰国後に同行者か身内の者が清書し、さらに宇野子が手を入れていたのである。その記録のごく一部は追悼集「卯の花」に収録されていたが、宇野子の大胆な、時には無謀とも思える行動を知るには程遠いものだった。

宇野子の旅の記録からもうひとつの魅力を引き出したのが元国鉄の機関士奥田豊己さんである。蒸気機関車を運転していた専門家の視点から、記録にある鉄道敷設の意味を読み込んでいった。鉄道から新たな帝国の版図への進出侵略の足取りが見えてくるという。

運転する視点から奥田さんは安奉線に注目している。野戦鉄道定理部は、山間部や大河を通る約300キロの鉄道を、ほぼ1年で敷設した――明治時代にこのような鉄道を敷設運行した日本の鉄道技術者たちがいた。

にもかかわらず、なぜ1943年にタイ―ビルマ間に敷設した泰緬《たいめん》鉄道建設で捕虜やアジア人労働者から多くの犠牲を出したのか。鉄道隊が憎しみの対象になり、捕虜虐待が語られてきた。安奉軽便鉄道のダイヤ作成、朝鮮半島の鉄道敷設をした鉄道隊に泰緬鉄道を敷設する技術がないとは考えられない。そう考えた奥田氏は鉄道の現場にいた者の視点から問題の解明に取り組み始め、現場で機関車を運転していた中原金蔵さんのインタビューを行った。国鉄の先輩への聞き取りも行っている。

宇野子の乗った時期は満鉄の創業前であり、極めてかぎられた時期の乗車で旅の記録であるが、それぞれの視点から記録を読み込むことで、日本が朝鮮・清国へとその「版図」を拡大していく具体的な「姿」が見えてくる。

靖国神社偕行文庫史料課の屋代宣昭さん、報道写真家の斎藤尚義さんからも貴重なコメントをいただいた。システム・エンジニアーの戸澤和幸さん、この時期の文書を読みこんでいる金光洋さん、中野図書館にも感謝したい。

多くの人に協力をしていただいた結果、このような本にまとまった。羽田さんは楽しいイラストで頁を飾ってくれ、組版の永田真一郎さんは、たび重なる訂正にもかかわらず、穏やかにうまく図版に落としてくれた。

110年前の記録がこのような形で世に出たことに、何よりも宇野子さんが驚いているだろう。あらためて感謝します。

2021年10月20日

内海愛子

著者プロフィール
内海愛子（うつみ・あいこ）

1941年東京生まれ
早稲田大学第一文学部社会学専修卒業
日本朝鮮研究所・インドネシア共和国国立パジャジャラン大学文学部・立教大学文学部非常勤講師などを経て恵泉女学園大学教員。現在　同大学名誉教授
『朝鮮人ＢＣ級戦犯の記録』勁草書房　1982年（2007年韓国語版出版）2015年 岩波現代文庫
『マンゴーの実る村から　アジアの中のニッポン』現代書館　1983年
『戦後補償から考える日本とアジア』山川出版社　2002年（2011年韓国語版出版）
『平和の種を運ぶ風になれ』（共著）梨の木舎　2007年
『歴史を学び、現在を考える　戦争そして戦後』（共著）梨の木舎　2017年

教科書に書かれなかった戦争 Part 72
村井宇野子の朝鮮・清国紀行――日露戦争後の東アジアを行く
1906（明治39）年4月14日～6月16日

2021年11月25日　　初版発行

編・解説：内海愛子
装　　丁：宮部浩司
発 行 者：羽田ゆみ子
発 行 所：梨の木舎

〒101-0061 東京都千代田区神田三崎町2-2-12 エコービル1階
TEL.　03(6256)9517　FAX.　03(6256)9518
Eメール　info@nashinoki-sha.com
　　　　　http://nashinoki-sha.com

D　T　P：具羅夢
印　　刷：株式会社　厚徳社

教科書に書かれなかった戦争

⑥⑥ 歴史を学び、今を考える――戦争そして戦後

内海愛子・加藤陽子 著　　A5判／160頁／定価1500円＋税

◉目次　1部　歴史を学び、今を考える／それでも日本人は「戦争」を選ぶのか? 加藤陽子／日本の戦後―少数者の視点から　内海愛子／2部　質問にこたえて／●「国家は想像を越える形で国民に迫ってくる場合があります」加藤陽子／「戦争も歴史も身近な出来事から考えていくことで社会の仕組みが見えてきます」内海愛子●大きな揺れの時代に、いま私たちは生きている。いったいどこに向かって進んでいるのか。被害と加害、協力と抵抗の歴史を振り返りながら、キーパーソンのお二人が語る。●時代を読みとるための巻末資料を豊富につけた。特に「賠償一覧年表　戸籍・国籍の歴史……人民の国民化」は実にユニークです。

978-4-8166-1703-4

---

⑥⑧ 過去から学び、現在に橋をかける

――日朝をつなぐ35人、歴史家・作家・アーティスト

朴日粉 著

A5判／194頁／定価1800円＋税

「いま発言しないで、いつ発言するのか」――辺見庸

斎藤美奈子・三浦綾子・岡部伊都子・吉武輝子・松井やより・平山郁夫・上田正昭・斎藤忠・網野義彦・江上波夫・大塚初重・石川逸子・多田富雄・若桑みどり・丸木俊・海老名香葉子・清水澄子・安江良介・黒田清・石川文洋・岩橋崇至・小田実・中塚明・山田昭次・三國連太郎・久野忠治・宇都宮徳馬・山田洋次・高橋良蔵・辻井喬・渡辺淳一

978-4-8166-1802-4

---

⑥⑨ 画家たちの戦争責任

――藤田嗣治の「アッツ島玉砕」をとおして考える

北村小夜 著

A5判／140頁／定価1700円＋税

作戦記録画は、軍が画家に依頼して描かせた。画材も配給された。引き受けない画家もいた。1943年のアッツ島玉砕の後、藤田の「アッツ島玉砕」は、国民総力決戦美術展に出品され全国を巡回した。東京の入場者は15万人、著者もその一人で、絵の前で仇討ちを誓ったのだった。

◉目次　1 戦争画のゆくえ　2 そのころの子どもは、親より教師より熱心に戦争をした　3 戦争画を一挙公開し、議論をすすめよう！

978-4-8166-1903-8

旅行ガイドにないアジアを歩く

シンガポール

著者：高嶋伸欣・鈴木晶・高嶋道・渡辺洋介 著　フルカラー

A5判変型／160頁／定価2000円＋税

◉目次　1章 シンガポールを知りたい　2章 シンガポール史の中の日本　3章 エリアガイド　① シティ・中心部　② チャンギ・東部地区　③ ブキティマ・北西部地区　④ ジュロン・南西部地区　⑤ セントーサ島地区　⑥ お隣りへ

シンガポールは多民族国家で、熱帯で成し遂げられた工業都市、そして国際都市国家です。ところで、日本が占領した3年半に、この国にしたことを知っていますか。表面をみただけではわからないこの国の歴史と、日本の過去に出会う1冊。

978-4-8166-1601-3